Ueber Bestrafung des Arbeitsvertragsbruches und über Gewerbegerichte.

Umschau und Kritik

von

F. Kowalzig.

Berlin.
Verlag von J. Guttentag (D. Collin).
1875.

Reichstagsverhandlungen 1873. 1874. Gesetzentwurf betreffend die Abänderung einiger Bestimmungen der Gewerbe-Ordnung nach den Beschlüssen der Kommission des Reichstages (I. Session 1874). — Landgraf: Die Sicherung des Arbeitsvertrages. — H. B. Oppenheim: Gewerbegericht und Kontraktbruch. — H. Rickert: Die Gewerbe-Ordnungs-Novelle im Reichstage. I. das gewerbliche Schiedsgericht. — Ueber Bestrafung des Arbeitsvertragsbruches. Gutachten auf Veranlassung des Vereines für Sozialpolitik abgegeben von Knauen, Dr. C. Roscher, Dr. G. Schmoller, F. W. Brandes, Dr. Lugo Brentano und Dr. Max Hirsch. — Referate des Prof. Held und des Redakteurs Dannenberg auf dem eisenacher Kongresse (Oktober 1874.)

Die deutsche Gewerbeordnung erklärt die Festsetzung der Verhältnisse zwischen den selbstständigen Gewerbetreibenden und ihren Gesellen, Arbeitern und Lehrlingen für den Gegenstand freier Uebereinkunft. Behufs Auflösung des Verhältnisses ist Meister und Geselle oder Arbeiter — im Mangel einer anderen Abrede auf eine — 14 Tage vorher erklärte Aufkündigung angewiesen, Lehrherr und Lehrling an die bedungene Lehrzeit gebunden. — Vor Ablauf der vertragsmäßigen Arbeits- und Lehrzeit und ohne Kündigung ist die Lösung hier wie dort aus besonders wichtigen, einzeln aufgeführten Gründen gestattet, aber auch die willkürliche eigenmächtige Lösung Seitens der Gesellen, der Arbeiter und Lehrlinge von jeder strafrechtlichen Folge befreit. Zu den Arbeitern gehören Fabrikarbeiter, Arbeiter in Bergwerken, Aufbereitungs-Anstalten und unterirdisch betriebenen Brüchen und Gruben. — Nur Gesinde, Seeleute, ländliche Dienstleute und Arbeiter verfallen noch — in Altpreußen wenigstens — bei eigenmächtigem Vertragsbruche gewissen älteren Strafbestimmungen. Im Uebrigen sind bei Kontraktsbrüchen die Arbeitgeber auf das gemeine bürgerliche Recht angewiesen. Die früher bestandene gesetzliche Verpflichtung: Arbeitsbücher zu führen, ist aufgehoben. — Entstehen zwischen den Gewerbetreibenden und ihren Gesellen, Gehilfen, Arbeitern und Lehrlingen Streitigkeiten, welche sich

1*

auf den Antritt, die Aufhebung oder Fortsetzung des Arbeits- oder Lehrverhältnisses, auf die gegenseitigen Leistungen während der Dauer desselben oder auf die Ertheilung besonderer, Seitens der Arbeiter verlangter Abgangszeugnisse beziehen, so sind dieselben, soweit für diese Angelegenheiten besondere Behörden bestehen, bei diesen, also in der preußischen Rheinprovinz bei den dortigen Gewerbegerichten, in Alt-Preußen bei den hier und dort, aber nur für Streitigkeiten zwischen Fabrikanten und Fabrikarbeitern bestehenden Fabrik-Deputationen der ordentlichen Gerichte I. Instanz zur Entscheidung zu bringen. Bestehen solche Behörden nicht, so entscheiden die Gemeindebehörden, gegen deren Erkenntnisse binnen 10 Tagen eine Berufung auf den ordentlichen Rechtsweg gestattet ist. Auch können durch Ortsstatut d. h. durch eine nach Anhörung betheiligter Gewerbetreibender auf Grund eines Gemeindebeschlusses getroffene, von der höheren Verwaltungsbehörde genehmigte Anordnung — an Stelle der gegenwärtig hierfür bestimmten Behörden Schiedsgerichte, mit der Entscheidung betraut werden. Dieselben sind unter gleichmäßiger Zuziehung von Arbeitgebern und Arbeitnehmern durch die Gemeindebehörden zu bilden. —

Daß diese Bestimmungen allgemeinen Beifall nicht gefunden, im Gegentheil eine von Jahr zu Jahr sich immer mehr ausdehnende leidenschaftliche Agitation hervorgerufen haben, ist bekannt. — Dem Drucke dieser Agitation hat die Reichs-Regierung nachgegeben und in der I. Session des Reichstages 1874 einen Entwurf vorgelegt, welcher nach einem seiner Bestandtheile allgemein als Kontraktsbruch-Gesetz bezeichnet, zunächst die Wirkung gehabt hat, die wunderlichsten Gruppirungen innerhalb der bestehenden Reichstagspartheien zu Tage zu fördern. In jeder Parthei — von den Sozialdemokraten natürlich abgesehen — fanden sich Vertheidiger und Gegner. Zur zweiten Berathung im Plenum ist es bis jetzt nicht gekommen. Der Entwurf, der übrigens durch einen besonderen Reichthum thatsächlichen Materials nicht glänzte, ward einer Kommission überwiesen, welche nur den auf die Gewerbegerichte sich beziehenden Theil fertig durchberathen und vielfach geändert hat. Vorher aber wie nachher ist die ganze Frage in der Presse, in besonderen Schriften, in Vereinen, zuletzt im eisenacher Kongresse des Vereines für Sozialpolitik lebhaft erörtert worden. Der Letztere hat mit geringfügiger Majorität für die Bestrafung des Kontraktsbruches sich ausgesprochen. Im Uebrigen schwankt die öffentliche Meinung, so sehr auch durch die vielseitige nahezu erschöpfende Beurtheilung aller interessirenden Punkte, die namentlich in den oben angeführten Schriften sich findet, die Möglichkeit gegeben ist, die Entscheidung dem Gebiete der bloßen Gefühls- und Konjektural-Politik zu entziehen und auf das Feld ruhiger sachgemäßer Erörterung hinüberzuführen. Leider hat eine Lücke, der bereits erwähnte Mangel erschöpfender thatsächlicher Ermittelungen in den Motiven des Gesetz-Entwurfes, durch die Erhebungen Einzelner oder einzelner Vereine nicht ausgefüllt werden können! Wenn nun versucht wird Alles dasjenige was die einzelnen Redner und Schriftsteller an thatsächlichem Materiale und an Gründen beigebracht haben, zusammenzustellen, so muß davon Abstand genommen werden, einem Jeden — ohne Unterbrechung — das Wort zu lassen, seinen ganzen Gedankengang darzulegen. Die Wiederholungen würden endlos und ermüdend sein, da — mit Ausnahme des einen Vertheidigers und des einen Gegners des Reichstags-kommissions-Entwurfes — beinahe alle Anderen die Frage von mehreren Gesichtspunkten beleuchtet haben. Es sind deshalb Gründe und Gegengründe so zusammengestellt, wie sie logisch und rechtlich sich sondern und zusammenfinden. Eine wirkliche Uebersicht läßt sich dadurch am leichtesten gewinnen!

Der Entwurf der Kommission und deren Bericht mögen den Vortritt haben. Les premiers vont devant!

Nach diesem Berichte d. h. demjenigen der Majorität, soll es bei den bestehenden besonderen Behörden, in deren Mangel bei der Entscheidung durch die Gemeindebehörde bleiben. Aber es können auch durch die Centralbehörden neu einzurichtende Gewerbegerichte mit der Entscheidung betraut werden. Diese Gewerbegerichte bilden einen Theil der ordentlichen Gerichte I. Instanz, erkennen — mit Ausschluß eines anderen Rechtsweges — im Allgemeinen nach Maßgabe des ordentlichen (Bagatell-) Prozesses und bestehen aus einem gelehrten Richter und vier Beisitzern. Die Beisitzer, welche Diäten erhalten können, sind zur Hälfte Arbeitgeber, zur Hälfte Arbeitnehmer, werden jährlich getrennt durch die Arbeitgeber und Arbeitnehmer gewählt, müssen 25 Jahre alt und seit mindestens 2 Jahren in dem betreffenden Gewerbegerichtsbezirke wohnhaft sein. Sie können nach Gewerbszweigen in Rollen eingetragen werden. Das Gericht entscheidet über die Wahrheit der thatsächlichen Behauptungen nach freiem Ermessen, setzt gleichzeitig nach freiem Ermessen den Betrag des zu leistenden Schadens-Ersatzes fest und kann auf Verlangen der Parthei seine Urtheile sofort — trotz des etwa eingelegten Rechtsmittels — vollstrecken lassen. Nur die Versäumnißurtheile, gegen welche Einspruch binnen 3 Tagen gestattet ist, können — nach dem Ermessen des Vorsitzenden — bis zur weiteren definitiven Entscheidung nach dem Einspruche — unvollstreckt bleiben. — Gleichfalls sofort vollstreckbar sind die Urtheile der Gemeindebehörden und ihrer Deputationen. Doch bleibt es für sie bei der Berufung auf den Rechtsweg binnen 10 Tagen präclusivischer Frist.

Die Minorität der Kommission hält fest an den durch die Gemeindebehörde — unter Zustimmung der Gemeindevertretung — zu bildenden Schiedsgerichten. Diese sollen aus einem von der Gemeindebehörde zu bezeichnenden Vorsitzenden und vier Beisitzern (zur Hälfte Arbeitgeber, zur Hälfte Arbeitnehmer) bestehen, bei der Bildung der Listen die verschiedenen Gewerbszweige durch eine ihrem Umfange entsprechende Anzahl von Personen vertreten sein, für jede Sitzung die Beisitzer aus den Listen in fortlaufender Reihenfolge durch den Vorsitzenden berufen werden. — Bei einem den Betrag von 50 Mark übersteigenden Streitgegenstande ist binnen 10 Tagen nach der Entscheidung die Berufung auf den Rechtsweg offen.

Sonst stimmt in Ansehung des Verfahrens die Minorität mit der Majorität im Wesentlichen überein. —

Zur Vertheidigung des Standpunktes der Majorität ist angeführt worden:

Die Entscheidung von Prozessen durch Gemeindebehörden ist überhaupt ein unrichtiger Gedanke. Selbstverwaltung bedeutet die Verwaltung der eigenen, nicht die richterliche Entscheidung über fremde Angelegenheiten. Nach einem zwei Menschenalter hindurch dauernden Kampfe für die Trennung der Justiz von der Verwaltung ist in der Gewerbeordnung das Resultat dieses Kampfes durch ein populäres Stichwort wiederum in Frage gestellt und wesentlich von einer Richtung, dem Communalismus, welcher — als Abkömmling des staatsfeindlichen Liberalismus der dreißiger Jahre — unter dem Vorwande des Bureaukratismus den Staat zu schwächen, möglichst seiner Befugnisse zu entkleiden und dafür Gemeinde und Kreis, wenngleich die Grenzen der kommunalen Einheiten mit denen der Industriebezirke sich keineswegs decken, möglichst reich auszustatten sucht. Dabei ist weder eine rechte Justiz, noch eine wahrhaft schiedsrichterliche Instanz geschaffen worden, Letztere nicht, weil die streitenden Partheien sich ihr nicht freiwillig unterwerfen, Erstere nicht wegen der Zulassung des Rechtsweges binnen 10 Tagen. Zudem ist keine Kategorie von Prozessen so sehr dem Verdachte oder der

Gefahr der parteiischen Behandlung ausgesetzt wie diese Prozesse vor den Gemeindebehörden, weil in den meisten kommunalen Vertretungen das Interesse einer Klasse überwiegt. Dessenungeachtet wäre es nicht am Platze die gewerbliche Gemeinde-Gerichtsbarkeit, wo sie sich einmal eingebürgert hat und wo für größere Veranstaltungen das Material fehlt, aufzuheben! — Anders steht es mit den Gemeinde-Schiedsgerichten, jener kaum in 30 Städten bis heute realisirten, also im Ganzen verunglückten Idee der Gewerbe-Ordnung, gegen welche gleich Anfangs bedeutende Kommunen (der berliner Magistrat, der harzer Städtetag, die dortmunder Handelskammer u. A.) sich erklärten, die zu den verschiedenartigsten, immer unbefriedigenden Gebilden an den wenigen Orten, welche dafür eingetreten sind, geführt hat. — Es macht aber die Unzulänglichkeit des geschriebenen Rechtes sich namentlich in Handels- und gewerblichen Beziehungen geltend. Zum Theil liegt das in des gelehrten Richters einseitiger Bildung, zum Theil in den Gesetzen selbst, namentlich in den recht unentwickelten Gewerbe-Gesetzen, die jedoch darum nicht nach bloßem Gutdünken und freiem Ermessen geändert werden dürfen. Beweist dann ein Stand so entschieden, wie der Handelsstand, seine Befähigung zur Ausbildung eines eigenen Rechtes, so wird diese Art der juristischen Selbsthilfe sich bald spiegeln in den gerichtlichen Formen, also rein kaufmännischen Handelsgerichten, welche nicht als privilegirter Gerichtsstand einer dadurch bevorzugten Klasse, sondern als Spezial-Jurisdiktion zur besseren Aburtheilung gewisser Kategorieen von Rechtsfällen aufzufassen sind. — Aehnlich versprach früher die Jurisdiktion für gewerbliche Streitigkeiten sich zu entwickeln. Dem haben sich jedoch zwei Umstände entgegengestellt, zunächst der hier hervortretende Gegensatz zweier Klassen, sodann die Erwägung, daß bei der weit geringeren Ausbildung des Gewerbe-Rechts die Versuchung allzu stark ist, sich mit bloßen s. g. Schiedssprüchen, mit einer ganz willkürlichen Rechtsprechung zu begnügen. Darum ist es nothwendig das bestehende Recht wenigstens durch einen gelehrten Richter, den gegebenen Obmann im Streite der Gesellschaftsklassen, (nicht einen immer einer, meist der mächtigsten Klasse angehörenden Verwaltungsbeamten) zu sichern! Die Entscheidung der aus Verletzung oder Mißdeutung des existenten Arbeits-Vertrages entstandenen Prozesses soll aber immer nach den Gesetzen erfolgen, kann nicht dem Gefühle überlassen, noch weniger von der Abwesenheit des rechtsgelehrten Richters eine höhere freiheitliche Schöpfung eines dem starren Juristen-Rechte abgewandten Volksrechtes erwartet werden. Ein geistiges Uebergewicht dieses Richters ist im Uebrigen nicht zu befürchten, ebenso wie es gleichgültig ist, ob dann die gewerblichen Beisitzer mehr Schöffen oder mehr Sachverständige sind. Nur ganz zu umgehen sind sie nicht, weil beide rechtsuchende Theile das Bewußtsein in sich tragen sollen, die Richter vollkommen zu verstehen, vollkommen von ihnen verstanden zu werden, und das geschieht nur vor einem Gerichte aus Gewerbsgenossen. Die Rechtsfrage ist zudem meist einfach, wogegen die Thatfrage Kenntnisse voraussetzt, welche man dem gewöhnlichen Richter weder zumuthen kann noch will! — Solche Gerichte werden, sofern sie die vorgeschlagene Competenz bekommen, der Autorität, der praktischen Geltung und Unabhängigkeit von den Strömungen der Tagesmeinung sicherer sein, als etwaige Gemeinde-Schiedsgerichte. — Entnommen ist der leitende Gedanke dem Institute der ebenso beliebten, wie segensreichen, prompt und wohlfeil arbeitenden rheinischen Schieds-Gerichte. Das frühere Mißlingen ähnlicher gesetzgeberischer Versuche (in dem bureaukratischen Reglement des J. 1829 für die altländischen Fabrikdeputationen, in der Verordnung über die Gewerbe-Räthe aus dem J. 1849) beweist nichts dagegen. Jedenfalls wird die ständische Vertretung, namentlich wenn sie sachgemäß, — hier und da nach Gewerbszweigen — geordnet ist, die gar zu weitläuftige und kostspielige bei einer höher entwickelten Industrie fast regelmäßig nothwendige Zuziehung von Sachverständigen zu den ordentlichen Gerichten überflüssig machen. Der Einwand, daß man keine Theilgesetzgebung zulassen, nicht dem künftigen Gerichtsverfahren vorgreifen dürfe, mag man an den Gesetzgeber richten, welcher den betreffenden, jetzt eine Aenderung erheischenden Paragraphen der Gewerbe-Ordnung erlassen hat. Auch würden damit recht viele neuerdings ergangene Gesetze beseitigt werden können. Klar endlich ist der Vorzug vor den von einer gewissen Seite empfohlenen Einigungsämtern, die schon ihrem Begriffe nach nicht die Streitigkeiten aus Verletzungen bestehender Verträge schlichten, sondern die thatsächlichen Differenzen bei Abschluß oder Fortsetzung des frei zu schließenden Arbeitsvertrages gütlich ordnen sollen, noch nirgends und nie hierfür sich bewährt haben, auch nur von einigen Stubengelehrten und einer verschwindenden Arbeitnehmer-Minorität patronisirt werden!

Dagegen erklärt der Vertreter der Minorität:

Eine große Anzahl gewerblicher Schiedsgerichte, die keineswegs bloß in 30 preußischen Städten eingeführt sind, hat sich — trotz der vielen, ihrer Bildung und Wirksamkeit entgegenstehenden Schwierigkeiten —

bewährt. Diese Schwierigkeiten mag man durch Einführung eines gleichmäßigen Verfahrens, bestimmter Rechtsmittel, unzweifelhafter Vollstreckbarkeit beseitigen, nicht ein neues Experiment machen. Die rheinischen Gewerbegerichte mit ihrem schwerfälligen Geschäftsgange, schon bedingt durch ihre Theilung in Vergleichskammer und Hauptbureau, brauchen nicht nach ganz Deutschland verpflanzt zu werden. Schneller und besser, namentlich jedoch wohlfeiler als sie, aber auch als unsere ordentlichen Gerichte arbeiten die Gemeindebehörden, für welche außerdem der Vorzug der Nähe der entscheidenden Instanz besteht. Insbesondere ist bei unsern ordentlichen Gerichten — nach ihrem gegenwärtigen Organismus — nicht entfernt auf rasche Entscheidung zu rechnen, man müßte zuvor das ganze prozessualische Verfahren ändern, auch die Zahl unserer Richter außerordentlich vermehren. — Unter allen Umständen kann man aber nicht in einem Athem die rheinischen ausschließlich mit Laien besetzten Gewerbegerichte empfehlen und für einen rechtsgelehrten Vorsitzenden plaidiren. Dann muß man aber ausschließlich gewerbliche Richter befürworten, für welche namentlich die Erwägung spricht, daß bei derartiger Besetzung des Gerichtes Kenntniß der Gesetze und Achtung vor denselben verbreitet werden. Die Anklage wider die angeblichen Kommunalisten ist wohl nur ein parlamentarischer Scherz. Wenn früher die Vertheidiger der Selbstverwaltung Einspruch erhoben gegen die Belastung der Gemeinde mit immer neuen Arbeiten und Leistungen, klagte man sie an. Jetzt klagt man sie an, daß sie im Interesse des Gemein- und Gemeindewohles für die Uebernahme einer Thätigkeit sich erklären, welche anderen Organen ohne die Sache zu beeinträchtigen nicht überlassen werden kann! Aehnliches ist deshalb auch bei der Kreis-Ordnung den Organen der Selbstverwaltung übertragen. In den kommunalen Vertretungen überwiegt nicht das Interesse einer Klasse und der normale Kreisrichter ist wahrlich nicht das Ideal eines Gewerbe-Richters.

Hiermit schließen im Wesentlichen Angriff wie Abwehr! Ueber das eigentliche Verfahren gehen Beide schnell hinweg und doch wird mit den vorgeschlagenen Bestimmungen und dem Hinweise auf den ordentlichen (Bagatell-) Prozeß sicherlich durchgreifend nicht geholfen sein. Die frivolen Terminsverlegungen, die ebenso frivolen Benennungen imaginärer oder offenbar unwissender oder nicht zu erlangender

Zeugen müssen, wenn man einmal in unseren Tagen der Freizügigkeit ein schleuniges Verfahren für nothwendig hält und es sichern will, abgeschnitten werden, also die Verlegungsgesuche und Zeugenbenennungen denselben zwingenden Vorschriften unterliegen, wie im Wechsel=Prozesse. Für sofort unbedingt vollstreckbar müssen auch die Versäumniß=Urtheile erklärt, dies als das von keinem Ermessen abhängige Recht der klagenden Parthei festgestellt werden. — Wer Jahrzehnte hindurch den Mißbrauch betrachtet hat, welcher mit dem Einspruche gegen Versäumniß=Urtheile getrieben wird, kann an der Nothwendigkeit eines entschiedenen Gesetzes nicht zweifeln. Als unerträglich wird einmal (von dem Vertheidiger der Minorität) der Gang unseres heutigen ordentlichen Prozesses geschildert. Ohne die gedachten Aenderungen bleibt er bei der Unerträglichkeit. Ganz zwecklos sind Aufforderungen ohne ein im Gesetz enthaltenes unabänderliches Praejudiz, also die von der Kommission in den Entwurf aufgenommene, an die Parthei bei der Vorladung zum Termin zu erlassende Aufforderung ihre Zeugen oder sonstigen Beweismittel zur Stelle zu bringen, da nicht verordnet ist, was daraus folgen soll, wenn die Parthei es für angemessen hält, der Aufforderung nicht nachzukommen! Die Minorität, die so sehr sich dagegen sträubt, in dem normalen Kreisrichter das Ideal eines Gewerberichters zu sehen, geräth außerdem mit sich selbst in einen noch größeren Widerspruch, als sie ihn bei der Majorität rügt, indem sie diesen so wenig ihrem Ideale entsprechenden Kreisrichter doch wiederum zum eigentlichen Richter macht, Entscheidungen der Gemeindebehörden und Gemeindeschiedsgerichte wiederum als provisorische hinstellt, die der gründlicheren besseren Prüfung des ordentlichen Richters zu unterbreiten bleiben! —

Bedenklich ist aber auch die Beweisführung der Majorität, davon abgesehen, daß die rheinischen Gerichte und die dabei gesammelten Erfahrungen für einen Vergleich kein genügendes Material bieten, daß durch die Brauchbarkeit der rheinischen Gewerberichter noch kein Beweis für die Unbrauchbarkeit der ordentlichen rechtsgelehrten Richter zur Entscheidung der hier allein interessirenden Prozesse geliefert ist, daß überhaupt das rheinische Gewerbegericht zu einem Vergleiche nicht geeignet ist, weil es sich (Concordia 1872. S. 155 ffgl.) mit zahlreichen andern, der richterlichen Entscheidung recht fern liegenden Dingen zu beschäftigen hat.

Den richterlichen Vorsitzenden will sie einführen, damit nicht Alles in's Freie, in die reine Willkür falle. Die gewerblichen Beisitzer sollen nöthig sein, aus verschiedenen Gründen, zu denen noch einige allgemeine, von der Minorität angeführte Gründe treten, so Der, daß durch die gewerblichen Richter, durch deren Berufung Kenntniß und Achtung der Gesetze verbreitet werden, und Der, daß die ordentlichen Gerichte nicht mit der Entscheidung befaßt werden können, weil das Verfahren erst ganz geändert, die Zahl der Richter sehr vermehrt werden müßte.

Die letzten beiden Gründe wiegen am leichtesten, da Majorität wie Minorität für ihre Schöpfungen — abgesehen von der geänderten Beweistheorie, dem Finden der Wahrheit nach freiem Ermessen — auch nichts besseres vorschlagen, als unsern heutigen ordinären (Bagatell-) Prozeß, so daß beinahe nichts geändert wäre. Daß die Zahl der ordentlichen Richter eine so unerschwingliche Vermehrung erheischt, muß auf das Bestimmteste bestritten werden. In Berlin, wo allerdings nur die Streitigkeiten zwischen Gewerbetreibenden und ihren Gehilfen und Lehrlingen vor die Gemeindebehörde kommen, sind im J. 1871: 807 1872: 1039, 1873: 1151 Streitsachen bei der Magistratsdeputation anhängig, von diesen im J. 1872 bloß 326, im J. 1873: 397 durch kontradiktorisches Erkenntniß abgemacht und von diesen so abgemachten Sachen im J. 1872: 86, im J. 1873: 117 vor den ordentlichen Richter gebracht worden. Was sind diese 326 und 397 Sachen, die doch allein zählen, die übrigens fast sämmtlich Bagatell-Beträge betreffen, gegenüber oder neben den überhaupt bei den gerichtlichen Bagatellkommissionen entschiedenen Sachen! — Ein Haar zu der Kameellast, aber wahrlich nicht Dasjenige, welches des Kameels Rücken (Kameel natürlich sans comparaison!) brechen wird.

Daß die Rechtsprechung den Zweck habe, die Kenntniß der Gesetze bei den R i c h t e r n zu verbreiten, ist ein durch seine Neuheit so sehr überraschender Gedanke, daß es zweifelhaft wird, ob Dies seine eigentliche Tragweite ist. Im Uebrigen ist man bis jetzt der Ansicht gewesen, daß Kenntniß und Achtung vor dem Gesetze am sichersten durch sachgemäße, prompte, unpartheiische Rechtsprechung befördert werden. Darum hat man diese durch alle möglichen Garantien, insbesondere durch einen streng geschulten, nach oben wie nach unten möglichst unabhängig zu stellenden, auf sein Ansehen, die Richtigkeit und Kontinuität seiner Entscheidungen ebenso emsig wie auf seine amtliche Ehre haltenden Richterstand sicher zu stellen sich bemüht. Was soll nun dies Verschieben des Hauptpunktes, dies Herbeiziehen fremder, nicht passender, nichts beweisender Beispiele, dies Betonen von Nebensachen zur Rechtfertigung der Einführung einer richterlichen Nationalgarde? Die militärische Nationalgarde, angeblich auch Eine von den großen Schöpfungen nach den großen Prinzipien des J. 1789, ist endlich — sogar in ihrem Geburtslande — als nutzlose schädliche Spielerei abgethan. Für die richterliche Nationalgarde (die Handels- und Gewerbegerichte aus Laien) wird aber noch geschwärmt, mögen auch verschiedene andere Völker nach allerlei bösen Erfahrungen sich dafür bedankt haben. Wir sollen sie doch bekommen!

Wo ist denn der Beweis, daß zur besseren Aburtheilung gewisser Kategorien von Rechtsfällen, zur Garantie des allseitigen Verständnisses, zur Vermeidung unzähliger Expertisen die richterliche Nationalgarde nothwendig oder auch nur mehr geeignet sei — auf einem Gebiete, von welchem allgemein anerkannt wird, daß es dem Anpralle rein subjektiver Strömungen, unklarer Bestrebungen und Gefühle nur zu sehr ausgesetzt ist? Denn Das und die beklagte große Entfernung der ordentlichen Gerichte sind ja wohl die Hauptgründe, welche zur Rechtfertigung der Vorschläge sowohl der Majorität wie der Minorität vorgeführt werden, wobei noch Verwahrung eingelegt wird gegen die Annahme, daß man den privilegirten Gerichtsstand einer bevorzugten Klasse habe festhalten oder einführen wollen. —

Ein privilegirter Gerichtsstand ist allerdings nicht begründet, wohl aber, wenn der Commissions-Vorschlag Gesetz wird, das Privilegium gewisser Klassen von Staatsbürgern, die lediglich, weil sie diesen Klassen angehören, durch Wahl zum Richteramt berufen werden sollen, ohne daß von ihnen jener Nachweis der Befähigung, des Besitzes von Rechtskenntnissen, der Jahre langen Erprobung dieses Besitzes, alle jene Garantieen der Integrität, Unpartheilichkeit und Unabhängigkeit gefordert werden, welche man bisher in Alt-Preußen und dem größten Theile Deutschland's von den Staatsbürgern gefordert hat, welchen die Ausübung des Richteramtes übertragen ist. — Indessen zu den Gründen.

Ob wohl Diejenigen, welche über das allseitige Verständniß sich verbreiten, jemals ein paar Dutzend Aktenstücke betreffend die hier allein interessirenden Streitigkeiten, (also Streitigkeiten über Antritt, Fortsetzung oder Aufhebung des Arbeits- oder Lehrverhältnisses, über gegenseitige Leistungen während der Dauer desselben, über Ertheilung von Zeugnissen) sich angesehen haben? Ich habe hunderte durchgesehen und darin schlechterdings nichts gefunden, was über das Fassungsvermögen des gewöhnlichsten Kreisrichters hinausragt. Warum soll der normale Kreisrichter die Rechtsuchenden nicht vollkommen verstehen, auch vollkommen von ihnen verstanden werden, wenn hier ein Geselle — statt am 15. eines Monats — schon am 2. ohne Kündigung abgeht, dort eine angefangene Stückarbeit liegen, also den Meister im Besitze eines Dutzend Fracks mit je einem Schooße läßt? Und wie vereinigt sich der aufgestellte Satz — von der selbst Seitens der Minorität freigegebenen Berufung auf den Kreisrichter abgesehen — mit der Thatsache, daß die Gemeindebehörden so vortrefflich alle diese Streitsachen bearbeiten? Es sind ja die Deputirten dieser Behörden in recht vielen Fällen, so namentlich in Berlin, normale Kreisrichter, d. h. lediglich für das Richteramt geschulte Beamte, welchen — häufig unmittelbar nach ihrem Uebertritt von der Justiz- zur Kommunalverwaltung diese Thätigkeit übertragen ist. Unmöglich ist allen Diesen — mit der Aenderung ihres Amtstitels — plötzlich eine Erleuchtung von oben zu Theil geworden. Sie bearbeiten die Sachen mit denselben Kenntnissen und Lebens- oder Geschäftserfahrungen, welche sie bis dahin besessen haben und sie bearbeiteten sie, wie mehrfach betont wird, vortrefflich. — Dieser ganze Grund schrumpft zusammen zu einer Phrase, noch dazu zu einer solchen, deren Bedeutungslosigkeit aus den sonstigen eigenen Anführungen ihrer Vertheidiger folgt. — Gesetzt aber: es kommt wirklich in einzelnen Fällen bei einer Stückarbeit oder gegenseitigen Leistung ein sachverständiges Urtheil in Frage, so kann doch nicht der Schornsteinfeger über die Leistung eines Malers, der Bäcker nicht über die eines Schlossers urtheilen. Es müßten also nur für jeden einzelnen Fall aus den Listen entweder die Beisitzer oder gar das ganze Gericht berufen werden! — In Berlin zählt man, wenn die unbeutenderen Zweige ganz bei Seite gelassen und die Nebenfächer in die größeren hineingezogen werden, etwa 100 Branchen, die sämmtlich durch Richterwahlen und Richterlisten zu vertreten wären. Der berliner Magistrat hebt in einem im J. 1871 an die Potsdamer Regierung gerichteten Berichte — mit Recht hervor die ungeheure praktische, mit dem Umfange der Wirksamkeit des Gewerbegerichtes, der Kleinlichkeit der überwiegenden Mehrzahl der Streitsachen, die überdies zumeist durch Zurücknahme der Klage, Vergleich oder Kontumazial-Urtheil erledigt werden, im schreiendsten Mißverhältnisse stehende Schwierigkeit der Durchführung so vieler Einzelwahlen! Aber wenn das Gesetz es vorschreibt, muß und wird die Schwierigkeit besiegt werden. — Was dann? — Dann sitzen bei einem Streite zwischen Malermeister und Gesellen rechts vom Kreisrichter zwei Malermeister, links zwei Malergehilfen und es ist — in unseren Tagen des Klassenkampfes — zehn gegen Eins zu wetten, daß die Richter-Malermeister und die Richter-Malergehilfen nicht einer Meinung sein, Diese ihren Mitgehilfen, Jene ihren Mitmeister nicht im Stiche lassen werden und die Nothwendigkeit doch sich ergeben wird, einen gerichtlichen Sachverständigen zu hören. Ueberhaupt mag man doch endlich von der Meinung sich losmachen, daß bei den rheinischen Handels- und Gewerbegerichten weniger Befragungen von Sachverständigen vorkommen als bei den ordentlichen Gerichten. Von berufenster Seite wird das gerade Gegentheil versichert.

Die angeblich zu weite Entfernung des ordentlichen Gerichtes ist allerdings ein Grund, der zu einem Theile unwiderlegbar ist, nur daß er, weil es außer den Gewerbeprozessen noch recht viele andere, der schleunigen Erledigung bedürfende Rechtsangelegenheiten giebt, zu viel beweist. — Die Handelskammer in Plauen und andere sprechen auch in ihren Berichten, von denen beim Heranziehen dieses Grundes stets die Rede ist, nur von verschiedenen kleinen Städten und ländlichen Ortschaften, wo in Folge der dort intensiv entwickelten Industrie leicht das Bedürfniß zur Errichtung eines Gewerbegerichts sich herausstellen, dies aber nicht befriedigt werden könnte, weil ein ordentliches Gericht I. Instanz an dem Orte oder in dessen nächster Nähe nicht existirt. In jeder kleinen Stadt oder sonstigen industriereichen Ortschaft kann allerdings ein ordentliches Gericht ohne die erheblichste Mehrbelastung des Budgets nicht eingesetzt werden. Aber eine jede Ortschaft braucht auch nicht ein ordentliches Gericht und es ist eine offene Frage, ob für Einrichtung der von der Minorität empfohlenen Gewerbegerichte sich in jeder Ortschaft die geeigneten Elemente wirklich finden, und weiter, ob nicht nach kurzen, mit diesen Laienrichtern gemachten Erfahrungen die Rechtsuchenden es nicht sehr wünschen werden, sich lieber an das nächste, wenngleich 7 oder 8 Kilometer entfernte ordentliche Gericht wenden zu können. Bei der Entscheidung von Rechtsfragen werden jedenfalls die Laien bloße Statistenrollen spielen. Ob sie sonst noch etwas nützen werden, muß bezweifelt werden. Aber schaden werden sie dem Gerichte, das Ansehen der Gesetze untergraben, nicht deren Kenntniß und Beachtung verbreiten, namentlich wenn für jede einzelne Sache die dafür passenden Gewerbetreibenden eintreten, jede Sitzung das Bild eines Taubenschlages bietet, von einer allmählichen Schulung der Laien, von einem gesicherten Uebergewicht des eigentlich richterlichen Elementes, von einer irgend wie festen Praxis nicht mehr wird gesprochen werden können, dasselbe Gericht in den ähnlichsten Fällen die buntscheckigste Reihe von Entscheidungen liefern muß, — sicherlich nicht zur Erbauung der Rechtsuchenden, die jetzt schon einen Nothruf erschallen lassen, wenn bei einem aus sieben Civil-Kammern bestehenden, großen Gerichte dieselbe Rechtsfrage von der einen Kammer anders beantwortet wird, als von der andern!

Und um solche Ideale von Richtern zu haben sieht man ab von Allem, was man bisher für die unentbehrlichen, festen Bollwerke einer sachgemäßen und unpartheiischen Rechtsprechung gehalten hat, von allen denjenigen Garantieen, welche bewährte Integrität, Standes- und berufliches Ehrgefühl, Unabhängigkeit — nach oben, wie nach unten — bieten! Alles das wird in die Schanze geschlagen, bloß weil die Franzosen ihre Gewerbegerichte in ähnlicher Weise zusammengestellt haben oder irgend eine vorübergehende Tagesmeinung sich dafür ausspricht? Welches große Prinzip wird denn dabei durchgeführt oder gewahrt? Ueberall sonst bekämpft man die Standesgerichte, selbst die militärischen, und einig sind alle unbefangenen Beobachter nordamerikanischer Zustände, daß die aus Volkswahlen und für kurze Zeit hervorgegangene Richterspielart einer der schlimmsten Auswüchse des demokratischen Prinzipes ist. Und wenn es noch die betreffenden Gesellschaftsklassen verlangten! Aber der Wechsel, welchen der Gesetzgeber im J. 1869 in dem unbestimmten, zweideutigen Werthe: „Schiedsgerichte" auf den guten Willen dieser Klassen zog, ist im Großen und Ganzen nicht honorirt worden. Die wenigen, wirklich in's Leben gerufenen Schiedsgerichte fallen nicht in's Gewicht. Eine einzige Petition auf Einführung eines gewerblichen Schiedsgerichtes ist in Berlin an den Magistrat gerichtet worden und diese rührte von der Schlächter-Innung her, welche darüber weder die außerhalb der Innung stehenden Meister noch die Gesellen gehört hatte. Zieht man jetzt einen Wechsel in dem unzweifelhaften Werthe: „wirkliche, in die ordentlichen Gerichte eingefügte Gewerbegerichte", auf die Centralbehörde, so wird diese ihn natürlich einlösen, wie sehr dabei auch über die Bestrebungen des Jahres 1869 hinausgegangen, ein wie tiefer Riß auch in das feste und bewährte Gefüge unseres Richterstandes gerissen sein mag. Aber es wird ein Experiment gemacht, an dem Niemand, am wenigsten die betheiligten Klassen, Freude haben, durch welches Recht und Gesetz nicht gewinnen werden! —

Verfehlt wäre es sicherlich, den Rheinländern ihre Gewerbegerichte oder den Gemeindebehörden durchweg ihre richterlichen Befugnisse zu nehmen, wenngleich Das in der That zutrifft, was den Communallisten entgegen gehalten wird. Die Entscheidung von Civil- und Kriminalprozessen gehört nicht zur Selbstverwaltung, nicht vor die Organe dieser Verwaltung. Hat man in Gewerbe- und Kreisordnung der Gemeindebehörde und der Kreisverwaltung eine Jurisdiktion beigelegt, so hat man ein Prinzip durchbrochen, welches heute noch wie vor Jahrzehnten — als maßgebend gilt. — Reform setzt doch irgend ein Bestreben, ein Bedürfniß großer Gesellschaftskreise voraus und ein Solches scheint — in Ansehung der bereits bestehenden besonderen Behörden, sowie in den meisten Fällen auch in Ansehung der Gemeindebehörden —, von dem eigentlichen Prozeßgange natürlich abgesehen — nicht zu bestehen. Diesen Prozeßgang regele man, übertrage auch da, wo ausnahmsweise die Gemeindebehörden keinen billigen Anforderungen genügen, der Centralbehörde die Befugniß, die fraglichen Streitigkeiten den jetzigen ordentlichen Gerichten zu überweisen. Es wächst der Mensch, also auch der normale Kreisrichter, mit seinen höheren Zwecken!

II. Wegen Kontraktsbruches sollen nach der Regierungsvorlage mit Geldstrafe bis 150 Mark oder Haft bestraft werden diejenigen Gesellen, Gehilfen oder Fabrikarbeiter, welche die Arbeit widerrechtlich verlassen oder verweigern. — Ein Commissionsbericht hierüber fehlt noch. Dafür sind um so ergiebiger die Streitschriften und Reden dawider und dafür. Jene vertheidigen den bestehenden Zustand, ihren Besitz. Sie mögen hier vorangehen. Beati possidentes.

Von diesen beginnen wiederum den Reigen diejenigen, welche theils die Vertragsnatur der Beziehungen zwischen Arbeitgeber und Nehmer geradezu läugnen, die rechtliche Auffassung als etwas Unwürdiges und Erbärmliches ansehen zu müssen meinen, von der Absurdität der Staatsvertragstheorie und der Ehevertragstheorie auf eine gleiche Absurdität des Arbeitsvertrages — unter mystischer Heranziehung des Gottesbegriffes — schließen, theils der gegenwärtigen Gesellschaft überhaupt das Recht bestreiten — in den Beziehungen zwischen Arbeiter und Arbeitgeber — sich auf das Vorhandensein von Verträgen zu berufen! „Der ehemalige Geldbesitzer" sagt Marx in der zweiten Auflage seines Kapitals, „schreitet voran als Kapitalist, der Arbeitsbesitzer folgt ihm nach als sein Arbeiter; der Eine bedeutungsvoll schmunzelnd und geschäftseifrig, der Andere scheu, widerstrebend, wie Jemand, der seine eigene Haut zu Markte getragen und nun nichts Anderes zu erwarten hat, als — die Gerberei". In Konsequenz dieses allgemeinen Standpunktes, welcher die Stellung des

Arbeitgebers als Usurpation, als unsittliche, rechtswidrige Ausbeutung, die Auflehnung dagegen als das legitime, unveräußerliche Recht des Arbeiters betrachtet, wird in dem Kontraktbruche durchaus nichts Strafbares gefunden, insbesondere noch gegen die Haft — als alternative Strafe — geeifert. — „Allerdings besagt das heutige Strafrecht, heißt es in Nr. 82 des Volksstaates von 1873, daß der zahlungsunfähige Verurtheilte seinen Mangel an Geld mit Freiheitsentziehung büßen müsse; aber es giebt auch keinen Satz, der den Räubercharakter dieser total verrückten Jurisprudenz besser kennzeichnete, als dieser! „Geld her oder das Leben!" sagt der Räuber und die heutige Jurisprudenz, Beide mit gleicher Brutalität und Beide mit gleichem Ungestüm. Man hat gefragt: „Aber wie soll man denn den zahlungsunfähigen Verurtheilten beikommen, wenn man sie nicht einsperren darf? Mit Exekution? Woher nehmen, wenn Nichts da ist?" Hierauf ist die Antwort sehr einfach. Man erkläre eine Schuld an Geldstrafe für unverjährbar! Hierdurch hört die angebliche Nothwendigkeit der Gefängnißstrafe für den Zahlungsunfähigen vollständig auf. Denn der Gerichtsschuldner, dem das Damoklesschwert der Auspfändung fortwährend über dem Kopfe schwebt, wird sich, wenn er nur kann, schon beeilen, die über ihn erkannte Geldstrafe abzuliefern; und bringt er dies durch die Ungunst der Verhältnisse nie zu Stande, so ist doch der bloße, wenn auch fruchtlose, lästige Besuch des Exekutors ungleich härter, als für den Besitzer die Opferung einiger Thaler."

Es folgen Diejenigen, welche dem Arbeitsvertrage eine besondere Eigenthümlichkeit zuschreiben, hieraus weiterschließen, daß die Vorbedingungen für den Abschluß gegenseitig freier Verträge, die man der Willkür der Kontrahenten überlassen habe, vielfach nicht vorhanden seien, und jede Einwirkung des Gesetzgebers durch strafrechtliche Mittel verwerfen. Allerdings, sagen sie, geht die moderne Anschauung, Diejenige, welche auch in der Reichsgewerbe-Ordnung ihre Anerkennung gefunden hat, dahin, daß die Arbeit Waare, der Arbeiter Waarenverkäufer, der Arbeitgeber Waarenkäufer ist. Arbeit ist aber eine ganz eigenthümliche Waare, indem der Käufer dadurch die Herrschaft über die Arbeitskraft, d. h. über den ganzen Menschen erlangt. Dieser Vertrag, dessen Grundlage ein dauerndes, die ganze Arbeitskraft des Betreffenden ausschließlich und auf längere Zeit in Anspruch nehmendes Verhältniß ist, ein Verhältniß, von welchem die ganze Existenz des Arbeiters und seiner Familie abhängt, setzt eine gewisse Unterordnung unter die Befehle, zum mindesten die technischen Anweisungen des Unternehmers voraus. Es ist bei allen —

hier vornehmlich in Frage kommenden — Beziehungen ein Dienstverhältniß, während der Vertrag über eine einzelne Arbeitsleistung Das nicht ist. Solche dauernden Verhältnisse waren bis vor zehn Jahren zugleich rechtlich sanktionirte Herrschaftsverhältnisse. Einzelnes war wohl durch freien Vertrag geregelt. Die Hauptpunkte blieben durch Gewohnheit und Gesetz fest bestimmt. Das haben die neuen Gesetze geändert. An die Stelle von Rechtsinstituten sind die freien Verträge getreten. Aber die sozialen Gewohnheiten und technischen Vorgänge des materiellen Lebens haben nicht beseitigt werden können. Zunächst auch fehlen den betreffenden Arbeitern fast durchweg die entsprechende Bildung und Einsicht, die nothwendige geistige und materielle Freiheit zum Abschluß der neuen, nothwendigen Verträge. Mag man sie doch einmal einzeln durchgehen, überall, etwa mit Ausnahme des kleinen Handwerks, wo allerdings von einseitiger Abhängigkeit des Arbeiters nicht mehr gesprochen werden kann, also beim Lehrlingsvertrage, beim Fabrikarbeitervertrage, beim Arbeitsvertrage in der Hausindustrie (d. h. dem Vertrage kleiner Meister gegenüber dem Fabrikanten), endlich bei dem hier weniger oder noch nicht interessirenden Vertrage des Gesindes und der ländlichen Arbeiter ist die Sachlage die oben behauptete. Sieht man dabei noch ab von dem Lehrlingsvertrage, bei dem es sich überhaupt nicht um einen Vertrag zwischen Männern, sondern um die Erziehung roher Bengels in ihren Flegeljahren handelt, auch vom Vertrage mit Gesellen und Gesinde, bei denen wenigstens althergebrachte Verhältnisse mit herkömmlichem Inhalte vorliegen, so ist es unverkennbar, daß bei Fabrikarbeitern, so wenig sie sich auch von Gesellen unterscheiden mögen, der wirklich freie Vertrag wenig mehr als eine bloße Phrase ist. Hier, wo der freie Vertrag eines Unternehmers mit Vielen sich vorfinden soll, ist entweder gar kein Vertrag geschlossen oder die Fabrikordnung ersetzt ihn. Schon die Zahl der unterworfenen Personen, das Recht zu strafen, giebt der Fabrikordnung einen halb öffentlichen Charakter. In der Verschiedenheit der Kündigungsfristen und Kündigungsbedingungen liegt eine weitere Verschlechterung der Stellung des Arbeiters. Kann doch sogar nach den relativ humanen Fabrikordnungen Mühlhausen's jeder Arbeiter sofort entlassen werden wegen jedes Ungehorsams, jedes Respektmangels, nicht bloß gegenüber dem Fabrikherrn, sondern auch den personnes revêtues de son autorité und was ist Ungehorsam, Respektmangel? Sind das fest präcisirte Begriffe? Wenn über solche Vertragsverletzung nur der Fabrikant auf den Bericht eines vielleicht ungebildeten oder aus irgend einem Grunde erbosten Werkführers oder Saalmeisters erkennt — zu welchen Entscheidungen muß es auf Grund dieser ungleichen Kündigungsberechtigung kommen? Hierzu kommt ungebührlich langes Zurückhalten bereits verdienter Löhne, sowie andrerseits Vorschußgeben an die Arbeiter, Festsetzung schwerer anderweitiger Strafen bei geringen Vergehen, Darbieten von Wohnungen, Beitrittszwang zu Fabrik- und Innungskassen, Alles Umstände, die in der Groß-Industrie tausendfach vorkommen, denen gegenüber der Einzelne ohnmächtig ist. Es bestehen also heute noch zahllose Abhängigkeitsverhältnisse und Mißbräuche! Es ist aber das System der Gewerbefreiheit kein absolut geschlossenes Ganzes. Jede große Organisation ist mit einem gewissen Zwange verbunden und wenn die Reichsgewerbeordnung alle möglichen Rechte den Arbeitern gewährt, über deren Pflichten dagegen sehr oberflächlich hinweggeht, mehrfach, so bei dem Lehrlingsvertrage, geradezu tabula rasa macht, so ist das sicherlich nicht der Weisheit letzter Schluß. Ist doch sogar die französische Gesetzgebung von derartiger negativer Thätigkeit — in Ansehung des Lehrlingsvertrages zurückgekommen. Darum hat die Gesetzgebung da einzugreifen, wo es sich um ganz allgemeine Mißstände handelt, wo die Natur der Sache es gestattet, eine allgemeine Rechtsregel zu formuliren, die wenigsten in der überwiegenden Mehrzahl der Fälle ihren Zweck erreicht. Es mag also sein, daß wir, da einmal der frei gewillkürte Vertrag nicht überall ausreicht, etwas Ergänzendes brauchen, aber das sind theilweise wieder Rechtsinstitute, feste Organisationen. Vergessen dürfen wir dabei nicht, daß, wo wir den freien Vertrag ausschließen, Das nur im Sinn eines Erziehungsmittels sein darf, daß der freie Vertrag als Grundlage unserer gesammten Arbeitsverhältnisse einen ganz außerordentlichen Fortschritt gegenüber der Vergangenheit bildet. Mit freier Ueberlegung soll der freie Mann in ein Dienstverhältniß treten, jeder Arbeitsvertrag von den Kontrahenten so behandelt werden, wie heute zwei reelle Kaufleute ihre Handelsverträge behandeln. Es geht auch der ganze große Gang der historischen Entwicklung nicht dahin, Contraktbruchstrafen einzuführen, sondern dahin, sie immer mehr zu beseitigen. Früher zahlreich und derb vorhanden, begründet in der Rohheit und Zügellosigkeit, in dem wirthschaftlichen Unverstande, zunächst ein Ausfluß der Klassenherrschaft, später das Produkt einer fürstlichen Gesetzgebung, die den Arbeiterstand an verschiedenen Punkten schützte, dafür aber auch das Recht einer züchtigenden Bevormundung in Anspruch nahm, sind sie bis auf wenige Ausnahmen in allen Kulturstaaten verschwunden und es ist eben ein Zeichen der höheren Kultur, den Theil des Geschäftslebens, der auf freien Verträgen mit in der Hauptsache beliebigem Inhalte ruht, nicht anders zu sichern, als durch die gewöhnlichen Exekutionsmittel. Es ist das ein Fortschritt der persönlichen Freiheit, eine Garantie gegen die Gefahr, daß die Justiz sich einseitig dem Interesse der Besitzenden zur Verfügung stellt, eine Garantie gegen Mißbräuche, die so leicht mit der Freiheitsentziehung sich verbinden. Es ist ein Fortschritt, der bedingt ist von einer gewissen allgemeinen moralischen Bildung und einem reellen Geschäftsleben, ein Fortschritt, den man nicht zu früh einführen darf, der aber, einmal gemacht, nur schwer rückgängig gemacht werden kann und darf! — Und was wird jetzt dafür beigebracht? An jeder irgendwie genügenden Enquête fehlt es. Weder ein Mißbrauch des Koalitionsrechts, noch die zunehmende Häufigkeit des Contraktbruches, geschweige denn dessen Einwirkung auf den Volkswohlstand, das allgemeine Wohl, den gesammten Fortgang der wirthschaftlichen Production — ist irgend wie festgestellt. Immer und immer wieder müssen die 60 Contractbrüche unter 200 Strikes, von denen der bleibende Ausschuß des Handelstages berichtet, die 1200 contractbrüchigen Tischlergesellen (unter 1738 im J. 1873), über welche das berliner Tischlergewerbe klagt, die 400 fruchtlosen Prozesse des Dr. Hilse gegen Bauhandwerker herhalten oder der Bericht von Brandes, wonach im J. 1873 in über 12 Städten einschließlich Berlin von 3500 Gesellen bei 634 Tischlermeistern 2700 Gesellen accordirte Arbeiten unvollendet gelassen haben, von 692 Lehrlingen 186 fortgelaufen sind. Es werden eben Arbeitseinstellungen und Contraktsbrüche zusammengeworfen, die Folgen der Einen und der Anderen vermischt, beziehentlich die immerhin, aber sicherlich oft nicht ohne Schuld der Arbeitgeber, ja geradezu absichtlich von ihnen herbeigeführten Contraktsbrüche für wirthschaftliche Vorkommnisse verantwortlich gemacht, welche ihre wirkliche Erklärung, ihren wahren Grund in den Massen Arbeitseinstellungen, in der Koalitionsfreiheit finden! — Gegen Diese geht auch eigentlich die ganze Agitation. — Die Contraktsbrüche fallen gegenüber der Gesammtheit der Arbeitseinstellungen kaum in's Gewicht, davon zu schweigen, daß sie durch die abnormen Verhältnisse der letzten Jahre zur Genüge erklärt und damit entschuldigt werden! Schon die wirthschaftlichen Ursachen thun es; hier unzureichender Lohn, dort starke Nachfrage, ja offenbare Verleitung der debauchirenden Arbeitgeber. Denn wo bleiben wohl alle die contraktbrüchigen Gesellen? Bei flottem Geschäft hat noch immer der Arbeiter, bei flauem der Arbeitgeber den

Vertrag gebrochen! Es ist hier wie mit dem Lieferungsvertrage an der Fonds- und Produktenbörse. Weil aber derselbe Kaufmann heute Käufer und morgen Verkäufer ist, so bleibt es beim Räsonniren oder führt höchstens zu einem Civilprozesse. Da hingegen die Waare „Arbeit" stets von verschiedenen Klassen ge- und verkauft wird, so stellt sich hier die Sache anders. Der Käufer, welcher bei flauem Geschäftsgange die Waare nicht mehr oder mit Preisabschlag annehmen will, wird von den Sozialdemokraten als „unsittlicher Ausbeuter", der Arbeiter, der seine Waare nicht liefern will, von konservativen und liberalen Arbeitgebern als „ruchloser pflichtvergessener Contraktbrecher" verdammt und gegen ihn die Strenge des Strafrichters angerufen. — Die Klage ist — vollständig — doch Die: daß die regelmäßige Insolvenz zu einem thatsächlichen Privilegium des Vertragsbruches, zu einer Epidemie des Wortbruches Seitens der Arbeiter wird und die Unverfolgbarkeit systematisch begangenen Unrechtes zur Erschütterung des Rechtsbewußtseins und dadurch zum Ruine der Industrie führen muß. Es handelt sich also, wenn man die regelmäßige Insolvenz als feststehende Voraussetzung erachtet, nicht bloß um die Sicherstellung einer bestimmten, sehr wichtigen und sehr häufigen Vertragsform, sondern vornehmlich darum, daß ohne deren Heilighaltung, die Gesellschaft nicht bestehen kann, daß sie ruinirt werden muß. Soll nun auch nicht bezweifelt werden, daß jeder eine Gemeingefährlichkeit mit sich bringende Vertragsbruch eine Strafe erheischt, so ist doch diese Gemeingefährlichkeit eben der springende Punkt, wo es an der gehörigen Begründung fehlt, wo die Kette in der logischen und thatsächlichen Begründung der Strafe reißt. — Jedenfalls steht die vorgeschlagene Bestrafung im schroffsten Widerspruch zur Gewerbegesetzgebung der Gegenwart und ihrem Geiste. Früher predigte man immer: „Jeder soll sich selbst helfen. Fehlt es an irgend einer Waare, an Arbeitskräften, so hat der Staat sich nicht darum zu kümmern. Die Preise werden schon das Gleichgewicht herstellen. Ueberlaßt doch die Dinge sich selbst. Dann entfalten sich die Kräfte. Wenn ihr gleich überall die Polizei anruft, so wird die Selbstthätigkeit gehemmt und erstickt". — Jetzt soll der Gefahr eines mangelhaften Arbeiter-Angebotes entgegengetreten werden durch den Strafrichter. Ist da nicht der umgekehrte Satz naheliegend, daß der Staat dem Arbeiterstande eine genügende Nachfrage nach Arbeit zu schaffen habe. Was ist überdies mangelhaft, was genügendes Arbeiter-Angebot? Der Socialdemokrat könnte mit solchen Argumenten kommen. Gewiß bedarf unsere Gewerbe-Ordnung in manchen Punkten der Reform. Aber mit dieser Reform ist nicht zu beginnen ohne allgemeinen Plan und es ist nicht rathsam auf die übertriebenen Klagen der Unternehmer hin ein isolirtes Gelegenheitsgesetz zu fabriziren, während man bei Klagen in entgegengesetzter Richtung sich gar behaglich Zeit nimmt! — Die ganze Bewegung ist ja doch nur ein Nothschrei des Handwerkerstandes, welcher im schweren Kampfe mit der Groß-Industrie nach jedem Strohhalme greift oder eine reaktionäre Philisterstimmung, die sich befriedigt fühlt, wenn man, wie sie meint, durch ein solches Gesetz zeigt, daß man noch Courage hat, gegen die Kerls vorzugehen! Etwas anders liegt die Sache in Bezug auf die Gefahren für die sittlichen Zustände der Arbeiter. Denn wenn auch der Bruch nicht die primäre Ursache sittlicher Verwilderung, sondern nur ein vereinzeltes sekundäres Symptom einer allgemeinen Krankheit ist, das aber freilich, wie jedes schädliche Symptom, zur Verschlimmerung des ganzen Krankheitszustandes beiträgt —, so tritt doch offen hervor der Uebelstand, daß das Rechtsgefühl gelockert ist. Aber nicht durch den Contraktbruch wird das Rechtsgefühl gelockert, abgesehen natürlich von der Wirkung des bösen Beispiels, sondern weil das Rechts- und Pflichtgefühl aus allerlei weit zurückliegenden Ursachen erschüttert ist werden die Verträge gebrochen. Allerdings ist darum, weil diese Ursachen (Verbesserung unseres religiösen Lebens, Mangel einer freien, selbstbewußten Sittlichkeit, Ausbreitung und Verherrlichung des Egoismus, soweit er nur nicht mit dem Strafgesetzbuche in direkten Konflikt kommt,) so sehr weit zurückliegen, dem Arbeiterstande nicht jede Privatrechtsverletzung nachzusehen, bis einmal ein anderer sittlicher Geist unsere Gesellschaft beherrscht. Jede bestehende Rechts-Ordnung muß geschätzt werden und wenn das Civilrecht dazu nicht ausreicht, die sittlichen Grund-Anschauungen einer Zeit und die practischen Bedürfnisse der Gesellschaft es erheischen, durch das Strafrecht, aber dann auch nicht bloß gegenüber einer Klasse, sondern gegenüber Allen, die ihre Verträge brechen und vom Civilrichter nicht zu erreichen sind. Es kann kaum dem Zweifel unterliegen, daß die Voraussetzung des Präsidenten Dr. Pape bei Berathung der Schuldhaft-Aufhebung zu einem guten Theile bereits eingetreten ist. Er sagte damals: „Die Exemtion der unvermögenden Klassen von der allgemeinen Regel, welche das gegenwärtige Schuld- und Exekutionsrecht beherrscht, führt auf eine abschüssige Bahn. Sie droht dem Rechte, welches das nämliche ist für Alle, die ihm gebührende, allgemeine Geltung und Anerkennung zu schmälern. Sie wird vielleicht zu einer tiefen Erschütterung der Rechts-Ordnung führen.“ Sofern das Recht die Mittel darbieten muß um der Erschütterung des Rechtsgefühles ein Ende zu machen und jeden begründeten Anspruch durchzusetzen, so haben wir, wenn wir einmal das bestehende Recht ändern, uns nicht auf die Arbeitsverträge zu beschränken. Wollte man überall da eingreifen, wo die civilrechtliche Reaction nicht ausreicht um den Anforderungen des Rechtes somit den Aufgaben der Gesetzgebung zu genügen, so hätte man viel mehr und zuerst Schlimmeres in's Auge zu fassen. Es ist offenbar ein weit größeres Unrecht, ein durch Vertrauen empfangenes Werthobjekt widerrechtlich und dolos dem Eigenthümer zu entziehen, als eine versprochene Leistung, deren Gegenleistung noch nicht erfolgt ist, nicht zu erfüllen. — Auch wird es Seitens der Arbeiter entschieden bestritten, daß Exekution — in der Mehrzahl der Fälle — bei ihnen nicht hafte, da sie eben in der Mehrzahl seßhaft und im Besitze wenigstens einer bescheidenen Einrichtung seien. Ueberdies giebt es, sobald man den etwaigen nachtheiligen Folgen des Vertragsbruches entgegentreten will, abgesehen von der oben bereits angedeuteten Ergänzung des Vertrags durch Rechts-Institute noch allerlei Mittel — nämlich Décompte, d. h. eine Caution, die man denjenigen Arbeitern, welchen man nicht traut, abfordert, Lohnbeschlagnahme, Ausweise über bestandene Lehrzeit und Controlbücher zur Legitimirung, zum Nachweise des wirklich ausgehaltenen Contraktes, — nicht etwa Zeugnisse über die Arbeitsleistung —, die den Arbeitern erst die Möglichkeit eine tüchtige Vergangenheit zur Geltung zu bringen verschaffen und bald erkennen lassen werden, daß hiermit das Streben eine tüchtige Gegenwart zu bethätigen erweckt wird; — Entziehung des Rechtes auf Armen-Unterstützung, bessere Volksbildung, gründliche Reform des Lehrlingswesens, bedeutende Erhöhung des Bildungs-Niveau des Arbeiters, Sorge für wirklich freie und gerechte Verträge, solche, durch welche die Arbeiter sich in der That innerlich gebunden fühlen, die sie als durch gleichberechtigte Vereinbarung zu Stande gekommen ansehen können, endlich Fesselung des Arbeiters durch die starken Bande genossenschaftlicher Ehre und wirthschaftlichen Interesses an den vereinbarten Arbeitsvertrag, insonderheit kräftige Förderung der dafür eintretenden Gewerkvereine und Einigungsämter. Das Vermögen der vereinigten Arbeiter muß die Sicherheit geben, daß der Vertrag beachtet wird, die Ehre Aller würde damit zum Wächter der Ehre des Einzelnen bestellt sein. Jeder interessirte sich, daß sein Genosse das Gesetz nicht übertrete. Auch würde die persönliche Verantwortlichkeit für übernommene Verpflichtungen und begangenes Unrecht dadurch weder aufgehoben noch geschwächt, indem die Last derselben von dem Individuum auf die Genossenschaft oder Corporation übertragen wird. Es ist dies ebenso wenig der Fall, wie die Haftung der Creditvereine für die Schulden der einzelnen Genossen deren Verantwortlichkeitsgefühl mindert oder deren Leichtsinn mehrt. Vereinsstrafen, die bis zum Ausschluß gehen und den Arbeiter dann der übrigen Vortheile des Vereines berauben könnten, würde dazu dienen, dies Verantwortlichkeitsgefühl wachzuhalten und wenn mit Rücksicht auf die Alters- und Unterstützungskassen gegen einen solchen Ausschluß protestirt wird, so ist darauf zu erwidern, daß derartige Kassen mit einem Gewerkvereine nicht nothwendig verbunden sein müssen, um den Arbeitern die Zugehörigkeit zu denselben wünschenswerth erscheinen zu lassen. Die augenblicklich noch geringe Anzahl der Gewerkvereinsmitglieder giebt keinen Gegengrund. Von viel schwächeren Minderheiten sind fast alle großen und heilsamen Reformen getragen worden, zu deren Durchführung es nie gekommen wäre, hätte man auf die Bereitschaft großer Massen gewartet. Jedenfalls erhebt sich der gesammte Arbeiterstand gegen die Idee der Kriminalstrafe und diese Erbitterung ist, da einmal die Arbeiter in der Reichsgewerbeordnung ihre Magna charta sehen und diese ihnen die Straflosigkeit ausdrücklich zusichert, nicht ganz unmotivirt. Ja es scheint sogar, daß selbst die Arbeitgeber im Kleingewerbe dagegen sind, wenigstens Brandes (Gutachten S. 131) betont ausdrücklich, daß sie in dieser Weise die schon vorhandene Kluft nicht verschärfen (soll wohl heißen erweitern) wollten, da ihnen daran liege, mit ihren Arbeitnehmern in Harmonie zu leben. Weitere Uebelstände sind sofort zu erwarten in der sicherlich beginnenden Agitation für noch kürzere Kündigungszeiten, in der Schwierigkeit, das vorgeschlagene Gesetz gerecht und prompt durchzuführen, in dem Parallelismus mit rechtswidriger Nichterfüllung zahlloser, anderer Verträge.

Es folgen Diejenigen, von welchen eine Bestrafung unter gewissen Beschränkungen für zulässig erklärt wird. Der Arbeitsvertrag ist schon nach der Gewerbe-Ordnung aus dem reinen Privat-Rechte hinaus und in das Gesellschafts-Recht eingetreten. Wenn die Gesetzgebung gewisse anomale Bestimmungen zu Gunsten des Arbeitnehmers trifft, also mit Geldbuße bis 500 Thlr. oder Gefängniß bis zu 6 Monaten die Anwendung des Trucksystems, mit Geldbuße bis 50 Thlr. oder 4 Wochen Haft die gröbliche Vernachlässigung der Pflichten des Lehrherrn gegen die ihm anvertrauten Lehrlinge, die Annahme jugendlicher Arbeiter ahndet, und ebenso denjenigen ansieht, der die zu thunlichster Sicherheit der Arbeiter gegen Gefahr für Leben und Gesundheit nothwendigen Einrichtungen unterläßt — ganz abgesehen von den aus gleichen Gründen für nichtig erklärten Verträgen —, so verstößt es nicht gegen die Gerechtigkeit weitere anomale Bestimmungen zu Gunsten des Arbeitgebers zu treffen, sofern es mit Rücksicht auf die Mittellosigkeit des Arbeiters nur durch sie möglich ist, das Interesse des Arbeitgebers und das öffentliche Interesse zu wahren. Denn es unterliegt keinem Zweifel, daß jeder, eine öffentliche Gefährdung mit sich bringende Vertragsbruch strafbar ist. Die anomalen Bestimmungen müssen aber Alle gleich treffen, also nöthigenfalls Gefängnißstrafe auch den Arbeitgeber fassen, weil durch die bloße Androhung von Geldstrafen die Beachtung des Gesetzes nicht erreicht wird. Das neue Strafgesetz muß den Stempel der Gerechtigkeit an der Stirne tragen, sich nicht als Maßregel gegen eine einzelne Klasse darstellen, mit den sonstigen allgemeinen Prinzipien des bestehenden Rechtes übereinstimmen, jedenfalls kein isolirtes sein und im Zusammenhange stehen mit einer, die Arbeiterverhältnisse überhaupt reformirenden Gesetzgebung, also energischer Ordnung der Fabrikgesetzgebung, des Hilfskassenwesens u. s. w. — Will und kann man das zur Zeit nicht, so ist eine Strafe lediglich bei ganz eigenthümlichen Verhältnissen, (also bei Seeleuten oder im Sinne eines Erziehungs-Mittels, also bei Minderjährigen, namentlich Lehrlingen,) — angezeigt, aber auch da wiederum bloß im Zusammenhange mit einem Gesetze über Lehrlingswesen und Kinderarbeit.

Den Schluß bilden Diejenigen, welche gegen ein isolirtes Kontraktbruchsgesetz an sich nichts Wesentliches einzuwenden haben, nur die Frage noch nicht für spruchreif halten und gegen die gesetzliche Begriffsbestimmung Einwendungen erheben. Sie sagen:

Die Zeit seit dem Jahre 1869 ist zu kurz, die innerhalb derselben gesammelte Menge der Erfahrungen nicht maßgebend, das Erfahrene überhaupt in gar keiner genügenden Weise gesammelt und zusammengestellt. Die jetzt beliebte Formulirung und Klassifizirung des künftigen Vergehens läßt überall zu wünschen übrig. Als Sachbeschädigung kann man es nicht auffassen. Bei Sachbeschädigung denkt das Strafgesetzbuch nur an eine Solche durch direkten Eingriff in eine fremde Rechts-Sphäre — nicht auch durch bloße Unterlassung. Untreue wird geradezu auf eine bestimmte Zahl speciell angeführter Verhältnissen beschränkt, welche sich als ganz besondere Vertrauensstellungen qualifiziren. Die Klassifizirung als Untreue, steht in vollem Widerspruch zur R.G.O., welche in Arbeitern und Arbeitgebern nur Käufer und Verkäufer einer Waare sieht. Man denke sich doch einmal einen Getreidehändler, der bei Nichtlieferung einer übernommenen Roggenlieferung wegen Untreue belangt wird. Wird es auch in den Motiven für selbstverständlich erklärt, daß bei dem hier einschlagenden Theile der vorgeschlagenen Gewerbe-Novelle:

„Gesellen, Gehilfen oder Fabrikarbeiter, welche die Arbeit „widerrechtlich verlassen"

ein doloses Handeln vorliegen muß, so scheint im Mangel einer allgemeinen Bestimmung — die Hinzufügung des Wortes „vorsätzlich und wissentlich" oder die Beifügung eines Zusatzes etwa der Art nöthig:

„Die Bestrafung wird jedoch ausgeschlossen, wenn nach den „Umständen zu entnehmen ist, daß in gutem Glauben gehandelt „wurde."

Selbst dann aber entstehen für den Richter die größten Schwierigkeiten, wenn er erforschen soll, ob der Angeklagte wider besseres Wissen gehandelt habe, durch das Bedenken nämlich: ob der Angeklagte juristisch genug geschult gewesen um zu wissen, daß das, was er that, Unrecht sei oder ob er gemeint habe, er sei wirklich im Rechte. Es fragt sich weiter: ob nicht ein wirklich eingetretener Schaden, der Vorsatz den Arbeitgeber am Vermögen zu schädigen, bez. die Ersatzunfähigkeit des Verletzers zu Thatbestands-Momenten zu erheben, ob nicht namentlich das Erforderniß der öffentlichen Gefährdung in den objectiven Begriff des Vergehens hineinzubringen ist. Im letzteren Falle fällt die Bestrafung in den meisten Fällen fort, für welche man heute vornehmlich die Bestrafung verlangt, so namentlich bei dem Bruche des Lehrlings und Gesellen gegenüber dem kleinen Meister. Jedenfalls bleiben die Fälle des gemeingefährlichen Kontraktsbruches zu spezifiziren und dann drängt sich der Zweifel auf, ob nicht die Arbeitseinstellungen an sich das Gemeingefährliche sind. Braucht man nicht viel mehr Mittel hiergegen als gegen den Kontraktsbruch? Soll auch jetzt wieder das alte Sprichwort sich bewähren: die kleinen Diebe hängt man, die großen läßt man laufen? — Im ersteren Falle, der doch nicht ganz außer Acht zu lassen ist, weil es sich zweifelsohne um ein Reat gegen das Vermögen handelt, widerspricht die Annahme, daß eine Beschädigung des Vermögens des Arbeitgebers in der Absicht vertragsbrüchiger Arbeiter gelegen habe oder liege, fast durchweg der Wirklichkeit. Am lächerlichsten erscheint die Fiktion, wenn man an den Gesellen denkt, der seinen bisherigen Meister verläßt, weil ein Anderer ihm mehr bietet. Endlich bleiben Anstiftung und Verübung im Complott besonders zu berücksichtigen; auch ist in Erwägung zu ziehen, ob nicht lieber ein Arbeits-Vertrag, welchen ein Arbeitgeber mit einem Arbeiter abschließt, von dem er weiß, daß derselbe durch Abschließung eines neuen Vertrages einen noch bestehenden alten Vertrag verließ, für nichtig erklärt oder der Lohn-Arrest für solche Fälle eingeführt werden kann. —

Ganz anders lauten die Ausführungen, durch welche die vorgeschlagene Bestrafung vertheidigt wird. —

Die Klagen über Kontraktbruch, heißt es hier, sind ganz allgemein! — Zuerst aus den Reihen der Landwirthe ertönend, dann von den Handwerkern noch lauter erhoben, kommen sie jetzt auch von der Groß-Industrie. Jedenfalls ist, wenngleich allerdings bloß die massenhaften vertragswidrigen Arbeits-Einstellungen an die Oeffentlichkeit gelangen, so viel gewiß, daß der Bruch nicht bloß mit einer gewissen erschrecklichen Regelmäßigkeit eintritt, sondern auch in Folge der Unzulässigkeit der Lohnbeschlagnahme, in Folge ganz unklarer und übertriebener Vorstellungen von der Elastizität des Lohn-Kapitals, und der jeden Vertragsbruch gestattenden Coalitionsfreiheit, in Folge des geringen Segens, welche die erhöhten Löhne gebracht haben, endlich der Freizügigkeit und Paßfreiheit, sowie des Wegfalls aller früheren moralischen, in Herkommen, hierarchischer Ordnung, patriarchalischem Zusammenleben sich findenden Garantieen erheblich zugenommen hat.

Die ernsten Seiten liegen nicht in dem Geldverluste des einzelnen betrogenen Kontrahenten. Sie liegen in der allgemeinen Demoralisation, der Lockerung aller festen Bande, dem eingerissenen Mißtrauen bei Beziehungen, welche auf Vertrauen beruhen müssen, in der Erschütterung des Rechtsstandes der Nation. So oft in frivoler Weise ein Kontrakt gebrochen wird, erleidet die Autorität der Rechts-Ordnung eine neue schwere Niederlage. Das Bewußtsein der Verantwortlichkeit für die eigenen Handlungen hört auf. Die wirthschaftlichen Begriffe der Arbeiter werden verwirrt, insofern ihnen die gesteigerten Löhne lediglich als eine Folge der gesteigerten Ansprüche und des verminderten Pflichtgefühles erscheinen. Die Gewöhnung, das Recht überhaupt als etwas nicht Bindendes anzusehen, jene eminent staatsfeindliche Gewöhnung greift um sich. Die Arbeitgeber endlich kommen in die Versuchung zu Abwehrmaaßregeln im Wege der Selbsthilfe, welche schließlich nur als Ausschreitungen bezeichnet werden müssen. Ein solcher Kampf der Macht mit der Macht kann im Rechtsstaate nicht geduldet werden. Das Bedenkliche liegt weiter — — in dem Nachtheil, der die ehrenhaften, zuverlässigsten Arbeiter, namentlich aber das Kleingewerbe, das Handwerk trifft und 900 Kleinmeister mit 2000 Arbeitern sind schwieriger von der Sozialdemokratie zu bekämpfen als zehn Groß-Industrielle, welche die gleiche Anzahl beschäftigen. Es liegt in der Minderung der Arbeitskräfte, in der bedrohlichen Unsicherheit aller geschäftlichen Kombinationen. Allenthalben hat die Unsicherheit, in der sich der Arbeitgeber in Bezug auf die von ihm einzugehenden Verträge gegenüber der Willkür der Arbeiter befindet, die Conventionalstrafe für Lieferungsverträge unanwendbar gemacht. Die sichere Berechnung ist gestört, die Zulässigkeit des Stücklohn-Systems in Frage gestellt, der Credit, dessen die Industrie bedarf, wesentlich geschwächt, die Industrie selbst bedeutend geschädigt, und zwar in solcher Weise, daß, wenn die Industrie erst wieder auf den Export angewiesen wird, auf der einen Seite eine wirkliche Stockung derselben, auf der andern Seite eine Schädigung der Existenz-Mittel der Besitzlosen zu befürchten ist. Darum ist der Bruch keine privatrechtliche Angelegenheit!

Alle bis jetzt zur Abwendung dieses Nothstandes in Anwendung gebrachten oder vorgeschlagenen Mittel reichen nicht aus. Lohn-Arrest ist zur Zeit unzulässig. Vermögensstücke, an denen die Exekution haftet, sind meistentheils nicht vorhanden, die Entschädigungsklagen so weitläuftig, auch in ihrer Begründung so unsicher, daß dabei nichts zu erwarten ist, die Personalhaft kostspielig, viel zu langsam zu erstreiten und bei der Paß-Freiheit und Freizügigkeit geradezu illusorisch. Außerdem ist der Zwang zur Arbeit ein viel schwererer Eingriff in die Rechte der Persönlichkeit, als die Criminalstrafe für qualifizirten Contraktbruch, und bei der höher ausgebildeten Industrie geradezu unanwendbar. Wie soll ein Maschinen-Arbeiter oder Musterzeichner zur Arbeit gezwungen werden? Auch der Handwerker kann keinen Zwangsgesellen brauchen. Und die rein persönliche Seite des Arbeits-Verhältnisses erträgt vollends nicht die störende Spannung des Arbeitszwanges. Die hier und da vorgeschlagene Aufhebung der gesetzlich vorgeschriebenen Kündigungsfrist ist nur ein scheinbares Heilmittel. Die Verletzung einer Pflicht kann dadurch, daß der Inhalt der Pflicht beschränkt wird, nur formell beseitigt werden. Wo ein wirkliches Bedürfniß nach kürzeren Kündigungsfristen vorhanden ist, kann durch beiderseitige Verabredung die jetzt vermuthete 14tägige Frist ohne Weiteres aufgehoben werden. Die allgemeine Aufhebung derselben durch das Gesetz kürzt aber das jetzt noch anerkannte Normal-Maaß des Landes zwischen Arbeitgebern und Arbeitnehmern und kann in Folge dessen leicht Zustände herbeiführen, welche im dauernden Interesse beider Theile, entschieden nicht zu wünschen sind. Ganz unpassend ist die Entziehung des Rechtes auf Armen-Unterstützung für die Personen und Familien derjenigen, welche sich selbst durch Arbeits-Einstellung in Nothstand gebracht haben, einmal, weil ein Mißbrauch des Armenrechtes zur Durchsetzung von Strikes in weiter Ferne liegt, da ja arbeitstüchtige aber beschäftigungslose Arbeiter eine Unterstützung zunächst nur in Form einer Zuweisung von Arbeitsgelegenheit erhalten, sodann weil man die Familien, die Unschuldigen mitstrafen würde, endlich weil der Erfolg illusorisch ist, weil kontraktsbrüchige Arbeiter den Strike nicht bis über die Grenze der unmittelbaren Noth ausdehnen, auch der Einzelbruch in der Regel nicht eine Zeit des Nichtsthuens, sondern die Eingehung eines vortheilhafteren Vertrages einleitet. Die vorgeschlagene Hebung der Bildung und Sittlichkeit ist ein Wechsel auf so ferne Zukunft, daß es unverzeihlich wäre, sich damit die gerechtfertigten Ansprüche der Gegenwart abkaufen zu lassen. Wie wenn nun Einer sich nicht sittlich heben, seinen Humanitäts-Geist nicht stärken lassen will? Mangelnde Bildung ist außerdem nicht der hauptsächlichste Keim der Gesetzes-Uebertretungen und die Theorie, welche dieser Annahme huldigt, leistet in bedenklicher Weise jener Richtung Vorschub, welche die Hauptschuld einer begangenen Missethat auf die Gesellschaft abwälzt und das Gefühl der Selbstverantwortlichkeit abschwächt.

Selbsthilfe ist nur da angezeigt, wo der Staat nicht helfen kann oder nicht helfen darf, auch von einem andern Gesichtspunkte nur bald höchst bedenklich, bald unzureichend! Décomptes d. h. kautionsweise Einhaltungen von Lohnbezügen sind nur in der Groß-Industrie durchführbar, aber auch hier in vielen Fällen ungenügend, weil der Verlust eines Wochenlohnes oft genug reichlich ausgeglichen wird durch den höheren Lohn, welchen der Kontraktsbrüchige erlangt, ganz davon abgesehen, daß die ganze desfallsige Abrede nach § 138. alin. 2 der Gewerbe-Ordnung nichtig ist. Schwarze Tafeln, Privat-Steckbriefe erweisen sich nur da als zweckentsprechend wo die Zahl der Proscribirten gering, die Verbreitung der betreffenden Blätter allgemein ist. Bedenklich bei ihnen wie bei der vielfach befürworteten Wiedereinführung der Arbeitsbücher aber ist die Möglichkeit eines Mißbrauchs. Namentlich wirkt die genossenschaftliche Einführung derselben Seitens verbündeter Arbeitgeber viel härter, als die staatliche Einrichtung einer solchen Controle, die freilich wieder ohne unzählige polizeiliche Plackereien gar nicht aufrecht zu erhalten ist. Ohne eine solche staatliche Controle wird in die Hände der Arbeitgeber-Vereine eine Art Lynch-Justiz gelegt, welche jeden Arbeiter, der sich einmal vergangen, mit ewiger Ausschließung, ja mit absoluter Arbeitsunfähigkeit, kurz mit dem bürgerlichen Tode bedroht. Diese Art der Verwehmung ist eine höchst barbarische Kontraktsbruchstrafe ohne Justiz und ohne Appellation gegen Willkürlichkeiten und Ungerechtigkeiten Seitens eines Arbeitgebers, während das ganze System der obligatorischen Arbeitsbücher oder Entlassungsscheine, auch der gesetzlich eingeführten, einen allgemeinen Zwang auflegt, welcher nicht bloß diejenigen trifft, welche zur Freiheit nicht reif sind oder das Recht darauf verwirkt haben, sondern den besten wie den schlechtesten Arbeiter gleichmäßig bindet und hemmt. Die Wiederherstellung des gebrochenen Rechtes muß eben dem Staate überlassen werden. Nennt man dies „einen Angstruf nach dem Büttel", so stellt man sich auf den Standpunkt längst überwundener Zeiten, wo die Anrufung staatlichen Schutzes dem schwertumgürteten Mann als Zeichen persönlicher Schwäche erschien. Nebenbei wird die Wirksamkeit einer Organisation vielfach überschätzt. Das Kräfte-Verhältniß im Kampfe der sozialen Interessen läßt sich im Voraus meist ebensowenig sicher bemessen, wie im Kampfe der Völker. Eine Sicherung, wie beim gewöhnlichen Waarenkaufe durch Erfüllung des Geschäftes Zug um Zug, ist beim Arbeitskaufe unmöglich. Alle Arbeitsverkäufe werden auf Lieferung geschlossen und ein Versuch sich dadurch zu schützen, daß man eben keine Arbeiter mehr engagirt, ist die reine deductio ad absurdum. Ganz mißglückt ist der Versuch, durch Vorschüsse die Arbeiter zu binden. In zahlreichen Fällen sind sie mit den Vorschüssen ausgerückt, in ebenso zahlreichen tüchtige Arbeiter, welche mit ihrer bisherigen Stelle durch eine solche Schuld verbunden waren, von fremden Meistern ausgelöst worden! — — — — Vollends gar Nichts wäre gewonnen mit der vielfach anempfohlenen gesetzlichen Anerkennung der Gewerkvereine und ihrer Einigungsämter. Die Gewerkvereine mögen erst ihre eigene Lebensfähigkeit beweisen, einen wirklichen Einfluß auf den Arbeiterstand sich erwerben, wenn sie Namens der überwiegenden Majorität sprechen wollen! —

Zur Zeit sind sie eine verschwindende Minorität, eine fremde auf deutschem Boden noch nicht acclimatisirte Pflanze, Kriegs-Maschinen zur besseren Organisirung der Strikes, die vorläufig nichts gethan haben, als den besser organisirten lock-out hervorzurufen. Die Haftbarkeit der betheiligten Gewerk-Vereine soll helfen! Was heißt das wohl in Bezug auf Kontraktbruch anderes, als daß der Unschuldige für den Schuldigen einstehen soll, daß die rein persönliche Verantwortlichkeit und damit auch die persönliche Freiheit im Interesse einer Korporation aufgehoben und das Verhältniß des Einzelnen zu Recht und Gericht wesentlich modifizirt, mittelbar gemacht, auf mittelalterliche Zustände zurückgeschraubt werden soll? Der einzelne Arbeiter ist dann nicht mehr seines Schicksals Schmied, denn sein korrektes Handeln bewahrt ihn nicht vor den Folgen der unrichtigen Handlungsweise seiner Genossen und nur in den seltensten Fällen könnte die bevormundende Thätigkeit der Vereinsvorstände ihn vor einem Theile der Folgen fremder Schuld schützen! —

Greift man also nicht zu allerletzt zur Wiedereinführung der Lohnbeschlagnahme behufs Sicherung der Schäden-Ansprüche wegen widerrechtlichen Verlassens oder Verweigerns der Arbeit, so ergiebt sich ein thatsächlich zugestandenes Klassenprivilegium des Treubruches in einer Angelegenheit, die keine privatrechtliche ist, die das ganze Publikum — abgesehen von der Frage: ob gerade in dem einzelnen Falle eine öffentliche Gefährdung anzunehmen ist, berührt, ein Privilegium daraus erwachsend, daß das Privatrecht zum Schutze nicht ausreicht, alle im Privatrechte begründeten Mittel versagen!

Ist aber nachgewiesen, daß hier eine, auch nicht durch irgend eine Form des Verfahrens auszufüllende Lücke im Rechtssysteme besteht, — versagt der Schutz des Civilrechtes zur Sicherstellung einer bestimmten wichtigen Vertragsform, ohne deren Heilighaltung die Gesellschaft nicht bestehen kann, sofern man alle anderen Freiheiten aufrecht erhalten und mit der Entfaltung der Industrie in Einklang bringen will, hört die Rechtsverletzung des Einen auf in der Rechtsverletzung des Zweiten sich zu erschöpfen, indem das Hineintreten in das Rechtsgebiet eines Anderen zugleich eine Auflehnung gegen das Recht Aller, gegen das öffentliche Recht, gegen das allgemeine Wohl enthält, so muß das **Strafrecht** des Staates eintreten! Andere Mittel zur Ausfüllung der Lücke giebt es nicht und im Prinzipe kann nichts dagegen erinnert werden, denn die Grenzen zwischen Criminal- und Civilrecht stehen keineswegs unverrückbar fest. Die Ursachen des Strafrechtes liegen überall und immer in den sittlichen Grund-Anschauungen einer Zeit und in den practischen Bedürfnissen der Gegenwart. Wo die civilrechtliche Reaktion nicht ausreicht, um den Anforderungen des Rechtes, somit den Aufgaben der Gesetzgebung zu genügen, wo es sich namentlich um einen schweren Mißbrauch der Freiheit handelt, der gerade eben bei jener Freiheit für die öffentliche Ordnung besonders gefährlich ist, erscheint Strafe durchaus als nöthig und vollkommen gerechtfertigt. Wirthschaftliches Wohl des Volkes, Autorität der Rechts-Ordnung sind gefährdet und da die logische Consequenz des staatlichen Strafrechtes, die Strafe selbst eben principiell den Zweck hat, einen Zwang auf den Willen des Schuldigen im Interesse der Wiederherstellung der Autorität der gebrochenen Rechts-Ordnung zu bethätigen, so ergiebt sich ebenso logisch die Nothwendigkeit der Bestrafung der Arbeits-Vertragsbrüche. Das ist auch der Gang der Gesetzgebung bei vielen Völkern, die sich auf dem Gebiete des Gewerbefleißes besonders rührig gezeigt und auf dem Weltmarkte durch eine mächtig entwickelte Fabrik-Industrie bekannt gemacht haben (so in England die Master and servant Act, die arbitration Act u. s. w.). Die jetzt aufgeworfene Frage, wie dem Hange zur Mißachtung eingegangener Arbeitsverträge nachhaltig zu steuern sei, ist eine geschichtlich nothwendige Frage der gegenwärtigen industriellen Entwickelung, die erwogen und beantwortet werden muß.

Die Bestrafung hat nicht den Zweck der Verhinderung der Arbeitseinstellungen. Aber der Strike hat nur Berechtigung, wenn er nicht mit Wort- und Treubruch behaftet ist. Sie enthält auch keine Demüthigung des Arbeiterstandes! — Demüthigen kann das Gesetz nur Denjenigen, welcher ihm verfällt, und nicht im Gedanken der Strafe liegt die Demüthigung, sondern im begangenen Unrecht. Ueberdies würde die einfache Bestrafung, namentlich wenn man sie auch auf Kontraktbruch der Arbeitgeber ausdehnte, beim Arbeiterstande weniger Anstoß erregen, als das System der Exekutivhaft. — Der Arbeiter ist kein Formalist. Die Sache geht ihn auch zu nahe an, als daß er nicht die realen Wirkungen sachlich erwägen und zu dem Resultate gelangen sollte, daß 12 Monate Exekutivhaft schlimmer sind, als 6 Wochen Kontraktbruchstrafe. Die Wortführer der Arbeiterbewegung würden gar den Mund voll nehmen von der Heuchelei der Bourgeoisie, welche sich fürchtet, das gehässige Ding beim rechten Namen zu nennen.

Dies ist das **Wesentliche**, die Quintessenz **sämmtlicher** bisher über die Kontraktbruchstrafen bekannt gewordenen **Aeußerungen**. Gleich sind sich die Meisten darin, daß sie das unverkennbare Gepräge der vollsten innersten Ueberzeugung tragen und dadurch ihr eingehendes Studium zu einem mehr fesselnden machen, als die kurze vorhergehende Zusammenstellung es vermuthen läßt. Hierdurch kann freilich das Endurtheil nicht beeinflußt werden. Wenn das Unternehmen ein Solches auszusprechen, kein unbedingtes sicheres Ergebniß liefert, liegt der Grund anderswo.

Entkleidet von der Phrase — würdig Kleons des Gerbers und seiner Nachfolger im Geiste — besagen die Angriffe gegen die Vertragsnatur der Arbeitsverträge: daß solche Verträge erzwungen oder erschlichen, also ungültig seien, daß nämlich der Arbeiter, wenn er sie in voller geistiger und materieller Freiheit, unabhängig von allen äußeren, ein längeres Zuwarten unmöglich machenden oder doch beschränkenden Verhältnissen hätte abschließen können, seine Arbeit — statt zu dem jetzigen angeblichen Nothpreise — zu dem wirklich angemessenen Preise verkauft haben würde. —

Es mag hier und da, — aber sicherlich nicht in der Reichshauptstadt bei dem Handwerker, auch nicht bei der Fabrikarbeit, am allerwenigsten bei dem Gesindevertrage — zutreffen, daß zu Nothpreisen gearbeitet wird. Nur werden wir auf das gänzliche Verschwinden der Noth-, sowie andrerseits der Monopolpreise wohl noch länger warten müssen, als bis die Civitas solis oder das geträumte Ikarien in einer neuen von Marx und Lassalle's Nachfolgern verbesserten Gestalt — nach der großen sozialen, unsere heutige Gesellschaft wegspülenden Sindfluth — am jenseitigen Ufer emporgestiegen ist. — Absolut freie Konkurrenz hat bis jetzt durchweg noch niemals und nirgends, in Folge dieses Mangels bald hier ein Monopol-, dort ein Nothpreis bestanden. Die Hindernisse beruhen eben nicht bloß auf sozialen, sie beruhen ebenso auf natürlichen, niemals fortzuschaffenden Gründen, auf der Unzulänglichkeit des individuellen Urtheils, auf der Einwirkung unberechenbarer Kräfte. Was heißt außerdem ein *wirklich* angemessener Preis? Wer will und kann ihn endgültig, mit unfehlbarer Sicherheit bestimmen? Was hilft für den konkreten Fall der abstrakte Satz, daß die Produktionskosten des einen und Diejenigen des andern Gutes sich decken sollen? Alle konkreten Schätzungen sind immer nur annähernd richtig, erreichen nicht das Ideal! Und sind denn die Gründer des Zukunftsstaats darüber einig, wie des einzelnen Arbeiters Thätigkeit zu belohnen ist? Darüber freilich, daß der ganze Tauschwerth, als angeblicher Ertrag ihrer Arbeit *ihnen* d. h. aber doch nur der künftigen, sowohl den Unternehmergeist wie das

Kapital in sich schließenden Produktiv-Assoziation gebühre, scheinen sie eines Sinnes zu sein. Aber die Vertheilung dieses vollen Ertrages unter die einzelnen Arbeiter (Handarbeiter) bleibt — bis jetzt wenigstens — streitig. Es bleibt auch zu vermuthen, daß jede Entscheidung, mag dieselbe Jedem einen gleichen Antheil oder Jedem einen seinen Leistungen oder Jedem einen seinen Bedürfnissen entsprechenden Antheil zusprechen, in dem durch sorgsame Pflege des Neides und der Neigung zur Auflehnung für jede oppositionelle Tendenz vorbereiteten Boden den sozialen Krieg zur Entfaltung bringen wird. — Jedenfalls wird, wie das schon unzählige Male hervorgehoben ist, bei der Vertheilung durch eine diktatorische, aber weder allwissende, noch allgerechte Gewalt auf die gewöhnliche Handarbeit dann nicht mehr entfallen, als jetzt schon durchschnittlich entfällt. Ebenso gewiß aber, wie heute schon in der Industrie viele Arbeiter Monopolpreise erzielen, wie in flauen Zeiten zahllose Arbeitgeber mit Verlust arbeiten, ebenso gewiß ist es, daß es der Jurisprudenz des Zukunftsstaates überlassen bleiben muß, Irrthum in den Beweggründen und Voraussetzungen des einen Kontrahenten und eine lediglich in seinen besonderen Verhältnissen liegende, vermeintliche Nöthigung unter diejenigen Gründe aufzunehmen, aus denen ohne Weiteres Verträge, bei welchen Jeder zu einer Leistung verpflichtet wird, Jeder seinen Vortheil sucht, für ungültig erklärt werden können! — Das heimische Recht hat bis jetzt bis zu dieser Möglichkeit sich nicht emporgeschwungen. Es ist auch kein Solches gestattendes fremdes Recht bekannt und es darf wohl bezweifelt werden, ob bei der Zulassung eines entsprechenden Rechtssatzes ein sicherer Verkehr überhaupt möglich ist. — Der Angriff auf den Räubercharakter unserer heutigen Gesetzgebung stützt sich lediglich auf einen hinkenden Vergleich! Leben und Gefängniß werden identifizirt, auch ein Brigante unterstellt, welcher, nachdem er die Zahlungsunfähigkeit des Reisenden festgestellt hat, denselben eine Zeit lang — vielleicht seiner schönen Augen halber — in einen mehr oder minder wohnlichen Raum internirt und ihn dann, ohne ihm ein Haar zu krümmen, entläßt. Sonst ist gegen die alternirenden Strafen, die Jedem gestattete Erleichterung nichts beigebracht. Ja es trifft sicherlich in recht vielen Fällen die Freiheitsstrafe leichter, als die Gefängnißstrafe! Man muß nur nicht Jeden, bei dem die Mobiliar-Exekution haftet, für einen Rothschild ansehen, während die Idee mit der Unverjährbarkeit der Strafen schon daran Schiffbruch leidet, daß sie ganz unpraktisch ist. Bei uns sind gewisse Klassensteuerbefreiungen eingetreten, weil die bezüglichen Steuerbeträge nicht die Exekutionskosten deckten. Nun denke man sich das Heer der Beamten des Zukunftstaates, welches erforderlich wäre, um alle die Besuche zu machen, welche die unverjährbaren Geldbußen einer Generation zum Gegenstande haben müssen!

Um jedoch endlich in die Wirklichkeit zurückzukehren, so besteht nun einmal der Arbeits-Vertrag nach dem Gesetze als Vertrag. Eigenthümliches mag er haben. Nur hat er das Eigenthümliche: die ganze Persönlichkeit zu erfassen, mit vielen anderen, allerdings nicht immer dem reinen Privatrechte angehörenden Kontraktsverhältnissen gemein und das ist keine seine Gültigkeit beeinträchtigende Eigenthümlichkeit, daß jeder Kontrahent dabei seinen Vortheil sucht und der Eine ihn mehr findet als der Andere. Der reellste Kaufmann, welcher im Mai 1866 oberschlesische Eisenbahn-Stamm-Aktien A mit 118 kaufte, hat dabei einen glänzenden Gewinn in wenigen Wochen gemacht, sein ebenso reeller Verkäufer gewiß einen schweren Verlust und Aerger gehabt. Alle die Gründe, welche die Beschöniger des Kontraktsbruches anführen, sind rechtlich werthlos, während es andrerseits kaum zweifelhaft bleibt, daß der heutige Rechtszustand für die Arbeitgeber nahezu unerträglich ist.

Privatverträge haben nur in sofern Werth, als die daraus folgenden Pflichten nicht bloß im Gesetz anerkannt, sondern auch — bei Säumniß oder Weigerung — durch staatlichen Zwang zu verwirklichen sind. Alle rechtlichen Garantieen hierfür beruhen auf zwei Momenten: auf der Vertrauen verdienenden Rechtspflege und dem Vermögen des Rechts-Verletzenden, da die Freiheit — nach unserem heutigen Rechts-Zustande — nur eine exceptionelle Garantie ist. Hiervon und von der Schärfe des geltenden materiellen Gesetzes hängt alle Wohlfahrt eines zuverlässigen Gesetzes-Zustandes ab.

Abgesehen nun von den formellen Schwierigkeiten, die aus dem Neben- und Uebereinander verschiedener Behörden sich ergeben, liegt in Alt-Preußen — bei einem Kontraktsbruche des Arbeiters — die Sache für den Arbeitgeber so, daß er, wenn der Verpflichtete es auf Exekution ankommen läßt, die Wahl hat, auf Leistung der Handlung, sofern sie allein auf seinem Willen beruht, zu bestehen oder sie — auf des Verpflichteten Kosten — durch einen Dritten verrichten zu lassen oder sein Interesse zu fordern. Zum Anspruche auf Leistung der Handlung gehört noch ein vorher nachzusuchendes, ein bis 4 Wochen Frist setzendes Mandat, das dem Verurtheilten behändigt werden muß. — Fordert alsdann der Arbeitgeber die Leistung, so kann der Arbeiter durch Personal=Arrest von höchstens einjähriger Dauer (die exceptionelle Garantie) dazu angehalten werden. Soll die Leistung durch einen Dritten geschehen, so hat der Richter die erforderlichen Kosten vorläufig zu bestimmen und von dem Verpflichteten später einzuziehen. — Die Forderung des Interesses, des erlittenen Schadens und entgangenen Gewinnes, erheischt die gewöhnliche, umständliche Begründung. — Dies ist heute Rechtens in den altpreußischen Provinzen, wird auch vermuthlich bald Rechtens in ganz Deutschland werden, da die vorgeschlagene Civil=Prozeß=Ordnung eine ähnliche, nur auf 6 Monate die Frist herabsetzende Bestimmung enthält. — Was hierbei ein Vertheidiger der Strafe (Oppenheim S. 71) sagt, ist mir nicht klar, er müßte denn eine andere Exekutivhaft im Auge haben. Das System kann nicht einen künftigen Anlaß zu Diatriben über die Heuchelei der Bourgeosie bieten, weil es eben seit Menschenaltern bestanden hat, besteht und wahrscheinlich bestehen wird für den Bourgeois genau ebenso wie für den Arbeiter. Um nun für den Arbeiter eine Ausnahme, ein Privilegium zu statuiren — dazu fehlt es vorläufig an jedem Grunde. Jeder Arbeiter kann ja seinen Bourgeois, welcher ihm eine Handlung versprochen hat, zur Haft bringen lassen, sofern die unterlassene Handlung auf dem Willen des Bourgeois beruht.

In der Regel ist aber die Haft behufs Erzwingung einer Zeit=, und vollends einer Accord=Arbeit zwecklos, da der Erfolg des Zwanges im besten Falle etwas Werthloses, Unbrauchbares ist, und es wird nebenbei die Erzwingung der Zeitarbeit heute dadurch unmöglich, daß der Kontraktsbruch an sich mindestens als Kündigung gilt, ein exekutionsfähiges Erkenntniß vor Ablauf der 14 Tage nicht zu erzielen, sonach die Einhaltung der verabredeten Zeit, sofern nicht eine viel längere Kündigungsfrist ausdrücklich verabredet war, durch Zwang nicht zu erlangen ist. Aehnlich steht es mit der Leistung durch einen Dritten. Beides ist zudem mit Kosten=Vorschuß Seitens des Arbeitgebers, im Falle einer Ortsveränderung Seitens des Arbeiters mit zeitraubenden und kostspieligen Ermittelungen verbunden. — Thatsächlich nicht leicht zu begründen ist die Entschädigungsklage auf das Interesse, wenn sie überhaupt den peinlichen Vorschriften des altländischen Rechtes gegenüber sich begründen läßt. — Dringt endlich der Arbeitgeber damit durch, so bleibt für ihn, — da Lohn=Arrest unzuläßig ist — lediglich der Weg der gewöhnlichen Mobiliar=Exekution betretbar, welcher wohl in recht zahlreichen Fällen, selbst wo der Verurtheilte einen festen Wohnsitz hatte, von keinem erfreulichen Erfolge begleitet gewesen sein mag.

Gesund ist dieser Zustand nicht! Auch wird, sobald es sich um die Frage handelt, wie ihm Seitens des souverainen Gesetzgebers ein Ende gemacht werden kann, alle civilrechtlichen Mittel aber versagen, im Prinzipe Nichts gegen ein strafrechtliches Mittel vorzubringen sein! Der Gesetzgeber ist eben souverain. Er gestaltet das Recht. — Die ausschließliche Betonung des bisherigen Rechtes mag in einem Richter-Kollegium das Ausschlag gebende Moment bilden. Im Schoße der gesetzgebenden Faktoren ist, — von dem Schwanken der Grenzen des Civil- und des Strafrechts ganz abgesehen — dieser eine Gesichtspunkt, wie mit vollem Fug Fürst Bismark seiner Zeit bei Berathung des Gesetz-Entwurfes über die Beschlagnahme des hannöverschen Hausgutes hervorhob, ein viel zu beschränkter. Auch wird gegen die Formulirung: „Gesellen, Gehilfen und Fabrikarbeiter, welche die Arbeit widerrechtlich verlassen oder verweigern" oder gegen die Ausdehnung dieser Bestimmung auf die Lehrlinge und die bisher nach einem Gesetze vom J. 1854 nur mit fünf Thaler Geld oder drei Tagen Haft bedrohten ländlichen Arbeiter nichts Entscheidendes sich sagen lassen. — Das Fehlen juristischer Schulung ist bei Beurtheilung der Frage: ob ein doloses Handeln vorliegt? — und ein solches scheint nach den Motiven als selbstverständlich vorausgesetzt zu sein, — schwerlich ein Moment, welches den Richter behindern wird, darüber schlüssig zu werden, ob der Angeklagte zu bestrafen ist. Wenn die juristische Schulung nothwendig wäre, möchte es um die Handhabung unseres Strafrechtes recht oft schlimm aussehen. Noch weniger wird ins Gewicht fallen, ob der Angeklagte solche Ausflüchte vorbringt, wie sie in einem Gutachten (Gutachten von Brentano S. 146) zur Entkräftung der widerrechtlichen Absicht für ausreichend gehalten werden! Breslauer Buchdrucker sollen im J. 1873 kontraktbrüchig geworden sein und dabei erklärt haben, daß sie ihren feiernden leipziger Genossen in guten Zeiten Unterstützung für den Fall der Noth versprochen hätten. Darum sollen sie sich im Rechte geglaubt haben, dieser angebliche Glaube aber die Strafbarkeit ausschließen! Warum nicht gar auch dann, wenn sie ihren feiernden Genossen ein Rendez-vous auf dem Zobten oder im warmbrunner Thale zugesagt und darum plötzlich einen längeren Ausflug unternommen hätten? — Solche Aus- und Einreden werden schwerlich ihnen helfen! Unnöthig aber ist der Nachweis der Gemeingefährlichkeit oder gar der Vermögensbeschädigung in jedem einzelnen Falle. Wird einmal angenommen, daß der Volks-Wohlstand, der Wohlstand der Gesammtheit, durch die Gesammtheit der Kontraktsbrüche in Frage gestellt ist, so hat selbstredend jeder einzelne frivole Bruch daran seinen mehr oder minder großen Antheil. — Kleine Bäche machen einen großen Strom! — Die Beschädigung der Gesammtheit, folglich auch jedes Einzelnen, liegt, wenn alle von den Vertheidigern der Bestrafung vorgebrachten Umstände und Gründe zusammentreffen, in jedem frivolen Bruche. Ein jeder einzelne Bruch berührt dann die Gesammtheit, das allgemeine Wohl, den Bestand und die Entwickelung der Industrie, uns Alle, einschließlich des zunächst betroffenen Arbeitgebers, ist gemeingefährlich, bloß weil er ein frivoler Bruch ist.

Aber der Gesetzgeber, — wie souverain er auch sein mag, — ist doch nicht so souverain, daß er von allen logischen und thatsächlichen Voraussetzungen und Bedingungen seines Eingreifens sich emanzipiren kann! Ungerechnet also die Frage: ob das Strafgesetz, das, wie noch nicht allseitig anerkannt wird, bloß ein indirektes Mittel ist, den am schwersten betroffenen Arbeitgebern Hilfe verspricht, wird zu prüfen sein, ob in der That alle die drei Momente sich vorfinden, welche den Erlaß eines Strafgesetzes rechtfertigen sollen, nämlich:

> Unmöglichkeit im Wege der Civilgesetzgebung zu helfen; Störung der Rechts-Ordnung und des Rechtsgefühls in weitem Umfange und bei einer ganzen Gesellschaftsklasse; dadurch herbeigeführte Schädigung des Volks-Wohlstandes.

Alle Drei müssen zusammentreffen. Fehlt es an dem Ersten, so fällt jede Veranlassung zu einem Strafgesetze fort. Liegt bloß das Zweite oder bloß das Zweite und Erste vor, so ist klar, das ein ausschließlich gegen die Arbeiter und nicht auch gegen Alle diejenigen gerichtetes Strafgesetz, welche sich widerrechtlich ihren civilrechtlichen Verpflichtungen entziehen, hinterher aber durch ihre Insolvenz ihren Gläubigern ein Schnippchen schlagen, die schlimmste Ungerechtigkeit wäre. In der Reichshauptstadt werden an jedem Wochentage hunderte von Wechselschuldnern, in jeder Woche hunderte von Darlehns-Empfängern verklagt, welche — ihrer Pflichten wohlbewußt — denselben sich entziehen. — Bei sehr vielen von ihnen haftet keine Execution. Es ist nicht zu läugnen, daß die Aufhebung der Personal-Execution zu einer tiefgehenden Erschütterung der Rechts-Ordnung bereits geführt hat. — Dessen ungeachtet würden Alle diese frei ausgehen, nur der Geselle, Arbeiter und Tagelöhner, der zudem nicht einmal irgend etwas, wie Jene, bereits empfangen hat, bestraft werden! Das hieße nicht: Suum cuique! Es muß also das dritte Moment durchaus hinzutreten, wenn nicht alle Gerechtigkeit bei Seite gesetzt, das Gesetz zu einem „Zorn- und Angst-Gesetz" werden soll. —

Von der Wirkung eines solchen Gesetzes scheinen nämlich die Arbeitgeber, die am schwersten betroffene Klasse, zum Theil sich einen sofortigen, jeder Einzel-Beschädigung und gemeinen Gefahr ein Ende machenden, wohl gar ihr vorbeugenden Erfolg zu versprechen! Das Gesetz muß erlassen werden, heißt es in einem Gutachten (Gutachten S. 17), denn wenn in Deutschland auf tausend verschiedenen Punkten 8000 Erndte-Arbeiter plötzlich widerrechtlich die Arbeit einstellten, würde dann nicht eine Hungersnoth entstehen? — Die Hungersnoth wird in dem gesetzten Falle auch trotz des Strafgesetzes (das überdies heute noch in Altpreußen für den ländlichen Arbeiter besteht!) entstehen! Denn die 150 Mark auf den Kopf werden schwerlich die 8000 Arbeiter so zeitig zur Arbeit zurückbringen, wenn sie sie überhaupt zurückbringen, — daß die Erndte ohne Schaden hineinkommt. — Eine augenblickliche Wirkung steht eben nicht in Aussicht! — Der Gutsbesitzer wird seine Erndte ebensowenig künftig — bei der größeren, wie jetzt — bei der kleineren Strafe hineinbekommen, der Tischler seinen in Akkord gegebenen Schrank nicht erhalten! Der Kontraktsbrüchige wird eben bestraft, vielleicht auch von künftigen ähnlichen Ausschweifungen abgeschreckt; weiter nichts! — Ob dies indirekte Mittel aber wenigstens der Gesammtheit etwas zu nutzen verspricht? Hierauf wird weiter unten eine Antwort versucht. Wie aber, wenn es selbst die Bejahung der letzten Frage vorausgesetzt, — zur zweischneidigen Waffe wird, sich auch gegen den Arbeitgeber kehrt, namentlich wenn kein Antragsdelikt statuirt wird? Wenn der eingesteckte Arbeiter während der 6 Wochen das letzte Vermögensstück, das noch zur Entschädigung des getäuschten Arbeitgebers dienen könnte, zur Bestreitung des Unterhalts seiner Familie verkauft? Wenn der Exekutor des Strafrichters, der mit seinem Straferkenntnisse früher fertig geworden ist, als der Civilrichter mit seinem Entschädigungs-Urtheile, dem Arbeitgeber jenes letzte pfandbare Vermögensstück vorweg entzieht? Wenn der Arbeitgeber, welcher vielleicht ausnahmsweise durch Exekutivhaft etwas erzielen kann, zu dieser Exekutivhaft nicht, jedenfalls nicht zu der gewünschten und allein passenden Zeit gelangt, weil die Strafhaft dazwischen kommt?

Und die angebliche Unmöglichkeit durch das Civilrecht unerträgliche Zustände zu ziemlich erträglichen, wenn nicht gar befriedigenden zu machen, ist sie denn dadurch erwiesen, daß auf das heutige kostspielige und schleppende Verfahren, auf das heutige ohnmächtige Gesetz hingewiesen und die immerhin zuzugebende Unzulänglichkeit der sonstigen, von den Gegnern des Strafgesetzes vorgeschlagenen Aushilfsmittel betont wird?

Man bringe einmal den Prozeß wider den kontraktbrüchigen Arbeiter in die Formen des Wechselprozesses, also:

> Vorladung mit 24 Stunden Frist, regelmäßige Unzulässigkeit der Terminsverlegung, Nothwendigkeit die Zeugen sofort mit zur Gerichtsstelle zu bringen, Unzulässigkeit des Einspruchs, der Restitution gegen Kontumazial= (Défaut) Urtheile, sofortige Vollstreckbarkeit des Erkenntnisses, Befugniß des Richters, nach freiem Ermessen, wie im Reichsgesetze vom 7. Juni 1871, über die Höhe der Schadens zu befinden, Zulassung des Lohn=Arrestes in Höhe dieses Schadens, Mitverhaftung des debauchirenden Meisters für diesen Schaden (über den durch den Lohn=Arrest nicht zu deckenden Betrag hinaus)

und die Sachlage wird sich ganz anders gestalten. Was für die Zulassung des Lohn=Arrestes gesagt werden kann, ist zwar schon oben angedeutet. Hier mag es dahin ergänzt werden, daß die Lohnbeschlagnahme ebenso wenig ein rechtliches Unding ist, wie der Hoffnungskauf, oder der Kauf einer gehofften Sache, also der Verkauf von Früchten auf dem Halm, oder die Abtretung und Verpfändung noch nicht fälliger Miethen. Es ist durch die Aufhebung der Beschlagnahme den Arbeitern eine Wohlthat gewährt, die nicht zu einer frivolen Schädigung der Arbeitgeber ausgebeutet werden kann oder darf. Sie beruht auf einem Ausnahmegesetze, das in einem Punkte — was wenigstens den Minimalsatz von 400 Thlrn. betrifft — niemals gerechtfertigt gewesen sein dürfte. Das Gesetz hat überdies auch andere Ausnahmen, deren Eine (Zulassung der Beschlagnahme zur Beitreibung der direkten persönlichen Staatssteuern und Gemeinde=Abgaben aus den letzten drei Monaten!) wohl auf schwächerem Fuße steht, als die vorgeschlagene weitere Ausnahme zu Gunsten des geprellten Arbeitgebers. Zuletzt — ist es nicht ganz richtig — im Großen und Ganzen, daß kontraktsbrüchige Gesellen und Arbeiter ohne debauchirende Meister und Fabrikanten schwer bestehen können? Ebenso wie neben dem Stehler der Hehler haftet, hafte der debauchirende Arbeitgeber und dem Kontraktsbruche wird ein Riegel vorgeschoben sein, der ihm das Hervortreten an's Tageslicht schwerer machen dürfte, wie alle Exekutiv= und Strafhaft. — Soviel über civilrechtliche Möglichkeiten, über welche alle Gutachten und sonstigen Meinungs=Aeußerungen allzu leicht hinweg schlüpfen!

Die Störung der Rechts=Ordnung, die Erschütterung des Rechtsgefühls muß zugegeben, jedoch nochmals betont werden, daß alle die eifrigen Anwälte der Wiederherstellung der Rechts-Ordnung, des Rechtsgefühles bloß mit Substituirung irgend eines anderen, unzählige Male geschlossenen, unzählige Male frivol gebrochenen Vertrages also: Wechsel, Kauf, Darlehen, Miethe, für den Arbeitsvertrag — ihre Folgerungen auf alle Diejenigen anwenden können, welche sich ihren aus Jenen folgenden Verpflichtungen widerrechtlich und wohl wissend, daß keine Exekution haftet, entziehen! Nach Ausführung dieser kleinen Veränderung paßt Alles, — Wort für Wort! Im Rechtssystem liegt eine Lücke vor, welche nicht die Gerichts-Ordnung betrifft, welche auch nicht durch irgend eine Form des Prozeßverfahrens auszufüllen ist. Sie müßte also in allen jenen Fällen, wo sie eben in anderer Weise auch nicht fortzuschaffen ist, mit strafrechtlichen Mitteln ausgefüllt werden. Aber — jene Lücken berühren nicht uns Alle, unsere Geldbeutel, unsern Volkswohlstand, den Staat. Darum lassen wir dort die Lücke unausgefüllt, wogegen sie hier nur deshalb ausgefüllt werden soll, weil es Keinem von uns, also auch nicht der Gesammtheit, dem Staate, gleichgültig sein kann, wenn — in Folge der Störung der Rechts-Ordnung — die Industrie leidet, der Volkswohlstand zurückgeht, die Handelsbilanz zu unserm Nachtheile sich gestaltet, die Preise unaufhörlich in die Höhe gehen, die Existenzquellen der Mittellosen versiegen. Dies Beides muß als Ursache und Wirkung erscheinen, als Solche klar oder doch im hohen Grade wahrscheinlich sein. Selbstverständlich ist hier nichts. Für selbstverständlich wird es auch von den entschiedensten Vertheidigern der Strafe nicht angesehen. Dafür gehen sie um so verschwenderischer mit den Zeitwörtern: „werden, können und müssen" um. Der jetzt wahrgenommene Kontraktsbruch kann den Ruin der Industrie herbeiführen, der Ruin ist davon zu befürchten, er wird, er muß ihn herbeiführen! versichern alle Vertheidiger und es soll nicht bezweifelt werden, daß Das ihre innerste Ueberzeugung ist. Nur wird ihnen von den Gegnern entgegengehalten, daß sie eine im Wesentlichen nicht ganz bestrittene Erscheinung mit Unrecht durch die eine Thatsache erklären und darauf zurückführen, während sie durch eine andere offenkundige Thatsache erklärt und darauf zurückgeführt werden muß. Um diesen letzten hochwichtigen Punkt klar zu stellen mögen nun genaue statistische Ausweise darüber, welchen Antheil an der allgemeinen Schädigung des allgemeinen Wohles die Strikes ohne Bruch und die Strikes mit Bruch haben, nicht ganz leicht zu beschaffen sein. Nach Dem jedoch, was bis jetzt vorliegt — und es ist im Wesentlichen nur das oben

(S. 20) Angeführte, — ist es klar, daß die Strikes mit Bruch die Minderzahl, vielleicht eine sehr kleine Minderzahl bilden. Keine der Zahlen soll bestritten, keine der gewiß richtigen Wahrnehmungen angezweifelt werden, über welche Jeder aus seinem kleinen Kreise berichtet. Aber was sind alle diese Fälle und Wahrnehmungen zusammengenommen, was selbst die Wahrnehmungen eines ganzen Gewerkes in der Reichshauptstadt und elf anderen Städten gegenüber den Millionen der in Deutschland überhaupt alljährlich geschlossenen und bestehenden Arbeits-Verträge, gegenüber den Arbeitseinstellungen von Hunderttausenden, welche ohne Kontraktsbruch gestrikt haben? Und die behauptete Zunahme der Brüche — was beweist sie? Es mag sein, daß die Brüche in den Jahren 1871. 72. 73. zugenommen haben, aber die Zahl der industriellen und gewerblichen Unternehmuugen hat gleichfalls zugenommen, die Zahl der überhaupt geschlossenen Arbeitsverträge natürlich gleichfalls! Noch niemals — seit Menschengedenken — sind Unternehmungsgeist, Kapital und Credit so angespannt worden, wie in den gedachten Jahren! Gesetzt, es bestehen zu einer gewissen Zeit innerhalb eines bestimmten Industriebezirkes 1000 Arbeitsverträge, von denen 50 gebrochen werden, so ist, wenn zu einer spätern Zeit von 5000 in demselben Bezirke bestehendeu Verträgen 250 gebrochen werden, das Verhältniß genau dasselbe geblieben — trotz der unbestreitbaren Zunahme, — und auf das Verhältniß, die relative Zunahme, nicht auf die absolute Zunahme kommt es an! Hat die Industrie vor 10 Jahren 5% ertragen ohne darunter zu leiden, ohne daß ihr Ruin entstanden ist, so wird sie auch jetzt diese 5% aushalten und dabei nicht zu Grunde gehen. Nur zu sehr begründet erscheint hiernach der Vorwurf, daß diejenigen, welche immer von einem in Folge der Vertragsbrüche bereits wahrnehmbaren Zurückgehen des Volkswohlstandes sprechen, Strikes und Vertragsbrüche stets identifiziren, Beide in einen Topf werfen und das Facit dazu benutzen, den Einen für den Andern verantwortlich zu machen. Zur Zeit ist nichts gewiß, nichts anderes auch nur wahrscheinlich, als daß in einer — unberechenbaren — Minderheit von Fällen, vielleicht 20, vielleicht aber auch bloß 5% aller Strikes, diese Strikes, wenn die gewöhnliche Kündigungsfrist eingehalten worden wäre, um 8, 10, höchstens 14 Tage später ausgebrochen sein würden, als sie gegenwärtig ausgebrochen sind. Also diese 14 Tage multiplizirt mit der Zahl der kontraktsbrüchigen Striker und so die Gesammtzahl der ausgefallenen Arbeitstage ergebend, — sollen alle die traurigen Einwirkungen gehabt haben, welche man jetzt hervorhebt und beklagt —! Credat Judaeus Apella! Wenn sie aber diese Wirkungen noch nicht gehabt haben, so sollen selbige doch zu befürchten sein. Dieser rein subjektiven Ansicht wird hier durch eine entgegengesetzte, gleich subjektive Ansicht nicht entgegengetreten werden. Es ist zwecklos, das Gebiet der Konjektural-Politik und Oekonomik da zu betreten, wo es an jedem Anhalte um aus der Vergangenheit auf die Zukunft zu schließen, fehlt. Den einzigen Anhalt kann bieten eine Feststellung der relativen Zunahme der Arbeits-Vertragsbrüche, die Ermittelung eines aus dem Vergleiche mit der Vergangenheit sich für die Gegenwart ergebenden ungünstigen Verhältnisses. Wenn die Vertragsbrüche statt, wie früher, bei 5% aller Arbeits-Verträge — gegenwärtig bei 20% der Gesammtzahl beobachtet worden sind, wird man mit einiger Wahrscheinlichkeit daraus Befürchtungen entnehmen können. Jetzt schwebt die Befürchtung für jeden unbefangenen Beurtheiler in der Luft, ist lediglich ein Produkt der Meinung und des Glaubens ohne irgend einen thatsächlichen Anhalt. —

Zur Zeit kann man deshalb über den wirklichen oder auch nur wahrscheinlichen Einfluß der Brüche auf die Entwickelung unseres wirthschaftlichen Lebens, auf den Zustand unseres Volkswohlstandes gar nichts Bestimmtes sagen. Einen Einfluß mögen sie gehabt haben, aber vielleicht bloß einen homoeopathisch verdünnten, für das Ganze überhaupt nicht oder doch jetzt ebenso wenig, wie vor zehn Jahren spürbaren. Der eine Tropfen Essig ist immer schon der Flasche Wasser zugesetzt gewesen, ganz fortschaffen wird man ihn nie und schließlich kann er uns gleichgültig sein, da wir ihn schwerlich herausschmecken oder sonst einen Nachtheil davon erleiden! Der Satz: „die Strikes sollen nicht mit Wort- und Treubruch befleckt sein," hat bei ähnlichen arithmetischen Verhältnissen lediglich eine sittliche und rechtliche Bedeutung. Eine nationalökonomische, ein Interesse für unser Aller Geldbeutel, die gesammte Wirthschaft, den Fortgang der Industrie hat er ebenso wenig, wie der Satz, daß beim Ausstellen der Wechsel nicht geschwindelt oder geschoben werden soll. Tout le pays sera ruiné, Das ist dasjenige, was bewiesen oder doch wahrscheinlich gemacht werden muß. Die betreffende bloße Phrase hat in Preußen von Altersher nicht Glück gehabt!

Zuerst also die jetzt endlich auch an entscheidender Stelle für unentbehrlich erkannten Enqueten, umfassende oder doch mindestens umfassendere, auf den Hauptpunkt gerichtete Enqueten, als die bisher von Vereinen und Einzelnen versuchten Zusammenstellungen — solche wie

Diejenigen, durch welche England als nachahmungswürdiges Beispiel aller Staaten vorleuchtet. Auf derartige, nebelhaft zerfließende Angaben, wie die jetzt vorliegenden, läßt ein Gesetz für Millionen sich nicht bauen. Ein Gesetz darf und soll nicht ein Schlag ins Wasser, ein aufs Gerathewohl versuchtes Unternehmen sein. — Wie wird man künftig urtheilen, über den Gang unserer Gesetzgebung, die im Jahre 1869 Dies, fünf Jahre darauf das direkte Gegentheil ausspricht, beide Male vielleicht, das zweite Mal ganz gewiß — ohne genügende thatsächliche Erhebungen, also auf die Gefahr hin, in 5 Jahren eingestehn zu müssen, daß man abermals einen Fehlgriff gethan, daß das Gesetz, wenn man es nicht geradezu aufheben will, mindestens — ebenso wie manche Bestimmungen der Allgemeinen Gerichts-Ordnung — durch allmähligen Nichtgebrauch in Stillschweigen und Vergessenheit zu begraben, als überflüßig und nutzlos dem Veralten Preis zu geben ist.

Mag ein großer Theil des Arbeiterstandes immerhin nicht den Voraussetzungen und Erwartungen entsprochen haben, die man im J. 1869 von ihm hegte. Mag die Gewerbe-Ordnung allzuviel von Rechten, allzuwenig von Pflichten handeln. Die Gesetze sind nicht, wie Verträge über Handlungen anzusehen, von welchen Jeder unter der bloßen Behauptung, daß der Andere kontraktwidrig gehandelt habe, zurücktreten kann. Im Jahr 1869 hebt ein feierlich verkündetes Bundesgesetz, das inzwischen zum Reichs-Gesetze mit kaiserlicher Unterschrift und Insiegel geworden ist, die Kontraktsbruchstrafe auf, erklärt den Bruch für eine Handlung, durch welche die Arbeiter dem Strafrichter nicht mehr verfallen sollen. Dies feierlich verbriefte Recht, diese Magna charta, wie sie in einem Gutachten genannt wird, kann nicht zurückgenommen werden auf die einfache Behauptung hin, daß die Arbeiter ihren Pflichten, den in dieser Beziehung auf sie gesetzten Erwartungen nicht genügt hätten. Es muß noch ein Weiteres hinzukommen. Dies Weitere ist bis jetzt nicht beschafft. Es mag zunächst beigebracht werden. Bis dahin — nolumus leges Germaniae mutari.

Geschrieben im Dezember 1874.

Buchdruckerei von Gustav Schade (Otto Francke) in Berlin.

FSC
www.fsc.org
MIX
Papier | Fördert gute Waldnutzung
FSC® C083411

Kolibri 360 GmbH
Ferdinand-Jühlke-Straße 7
99095 Erfurt, Deutschland
produktsicherheit@kolibri360.de